52 MAL

DU BIST WERTVOLL

Bausteine für ein gesundes Selbstwertgefühl Ihres Kindes

JAN DARGATZ

Schulte & Gerth

Die amerikanische Originalausgabe erschien im Verlag
Oliver Nelson, a Division of Thomas Nelson Publishers,
Nashville, Tennessee, unter dem Titel
„52 Simple Ways to Build Your Child's Self-Esteem and Confidence".

Aus dem Amerikanischen übersetzt von Roland Renz

Best.-Nr. 15281
ISBN 3-89437-281-8
1. Auflage 1994
Umschlaggestaltung: Ursula Stephan
Satz: Typostudio Rücker & Schmidt
Druck und Verarbeitung: Ebner Ulm
Printed in Germany

Inhalt

Vorwort

„Eltern werden ist nicht schwer, Eltern sein dagegen sehr." Man braucht dazu Tag für Tag Weisheit, Sorgfalt und ein geduldiges Herz. Kindererziehung „nebenher" oder „mit links" ist ein Ding der Unmöglichkeit.

Allerdings gibt es einige einfache Erziehungsfertigkeiten und -methoden, die uns mehr Freude am Ganzen vermitteln, die Verantwortung leichter ertragbar machen und die dafür sorgen, daß unsere Mühe nicht vergeblich ist. Dieses Buch bietet zweiundfünfzig Vorschläge, wie Selbstachtung und Selbstvertrauen eines Kindes gefördert werden können.

Unter der Selbstachtung eines Kindes verstehen wir das Wissen um seinen Wert, wobei es uns insbesondere darum geht, wie Sie als Eltern diesen Wert erkennen und Ihrem Kind vermitteln können. Denn niemand kann einem Kind Selbstachtung so gut einpflanzen wie die Eltern, die es liebhaben. Ihr Kind muß erfahren, daß Sie es so sehr lieben, daß Sie es um nichts in der Welt hergeben würden. Damit aus Ihrem Kind ein Erwachsener mit einem gesunden Gefühlsleben wird, sollte die Selbstachtung Ihres Kindes zu Ihren wichtigsten Erziehungszielen gehören.

Das Selbstvertrauen des Kindes basiert vor allem auf dem Bewußtsein für seine Fähigkeiten. Kinder sollten so viel Vertrauen zu sich haben, daß sie Mißerfolge bewältigen, gesteckte Ziele erreichen und sich in den verschiedensten Situationen zwanglos und entspannt verhalten können.

Diese wesentlichen Fertigkeiten lernen Kinder, indem sie den Eltern zuschauen, ihnen zuhören und ihnen Folge leisten; die Eltern sollten bei diesem Lernprozeß das Selbstvertrauen als eines der Hauptziele im Auge behalten.

Ein Kind mit Selbstvertrauen und Selbstachtung gibt sich Mühe, sein ganzes Potential zu entfalten, und wird es auch annähernd ausschöpfen. Ein Kind mit Selbstachtung vertraut darauf, daß seine Fähigkeiten wachsen und sich den veränderten Lebenssituationen anpassen werden. Kurz, es ist ein optimistisches Kind, das voller Hoffnung in die Zukunft sieht.

Sie als Eltern, die Sie Ihr Kind lieben, können sich einige leicht zu erlernende Fertigkeiten aneignen, sie im Alltag anwenden und damit zur Förderung von Selbstachtung und Selbstvertrauen Ihres Kindes beitragen. Dies ist leichter, als Sie vielleicht annehmen. Auch Sie als Erzieher sollten ein gesundes Maß an Selbstvertrauen haben und sich immer wieder sagen: „Ich schaffe es!" Damit wäre der erste Schritt auf dem Wege zu unseren Erziehungszielen schon erreicht.

Glauben Sie an sich, und glauben Sie an Ihr Kind, und es wird seinerseits Ihnen vertrauen und daran glauben, was Sie ihm sagen.

Und nun an die Arbeit! Entdecken Sie *52 einfache Regeln, wie Sie die Selbstachtung Ihres Kindes fördern können!*

1

Haben Sie heute schon Ihr Kind gelobt?

Kinder blühen regelrecht auf, wenn sie regelmäßig Lob und Anerkennung erfahren. Beobachten Sie doch einmal, wie ein Kind auf die ehrlichen, anerkennenden Worte eines Erwachsenen in seiner Umgebung reagiert, seien es Eltern, Großeltern, Lehrerinnen oder Kindergärtnerinnen.

„Alle Achtung, Mark. Das soll dir mal einer nachmachen!"

„Gut gemacht, Michael. Weiter so!"

„Vielen Dank, Diana. Ich bin richtig stolz auf dich!"

Das Kind strahlt über das ganze Gesicht, richtet sich auf, und man hat fast den Eindruck, zusehen zu können, wie es innerlich ein Stückchen wächst.

Ein Kind sollte grundsätzlich für besondere Leistungen wie zum Beispiel gute Noten und gewonnene Spiele, gelobt werden. Ein solches Lob ist für das Kind so etwas wie ein „verbaler Pokal", und seine Psyche hat reichlich Ausstellungsraum für solche Ehrenabzeichen.

Man sollte ein Kind auch für Verhaltensweisen loben, die vielleicht nicht aus *Ihrer*, aber aus *seiner* Sicht als besondere Leistung gelten. „Ich bin stolz darauf, wie ruhig du heute in der Kirche gesessen hast. Ich weiß, daß es dir schwerfällt, aber du hast es geschafft!"

Wenn Eltern solche oder andere wünschenswerte Verhaltensweisen fördern wollen, sollten sie ihr Kind, sobald die gewünschte Verhaltensweise das erste Mal auftritt, dafür ausgiebig loben. („Positive Verstärkung" nennt man dies in der Psychologie.) „Ich weiß, daß Du am liebsten auch gebrüllt hättest", sagt zum Beispiel eine Mutter zu ihrem Sohn, der in einem Streit mit seinem Freund die Ruhe bewahrt hat. „Aber ich bin stolz darauf, daß du dich trotzdem beherrscht hast!“

Einige einschränkende Worte muß ich in diesem Zusammenhang allerdings hinzufügen: Nicht in jedem Fall fördert ein Lob die Selbstachtung und das Selbstvertrauen des Kindes. Sie sollten darum ein paar Richtlinien im Umgang mit Komplimenten beherzigen:

- *Lob muß ehrlich gemeint sein.* Sagen Sie lieber nichts, wenn Sie es nicht so meinen. Genauso wie Erwachsene haben auch Kinder ein sicheres Gespür für falsche Komplimente. Wenn Sie Ihrer Tochter fünfmal am Tag sagen: „Du bist so süß“, wird sie wahrscheinlich bald nichts mehr darauf geben. Entweder glaubt sie nach einer Weile, daß sie immer süß aussieht, auch mit schmutzigen Fingern und Kakaoflecken auf der Bluse, oder sie hält ihre Eltern für blind – beides Einstellungen, die Sie nicht gerade fördern sollten.
- *Lob wirkt am besten unter vier Augen.* Übertreiben Sie nicht, indem sie „vor versammelter Mannschaft“ eine Show abziehen! Passen Sie den richtigen Augenblick ab, dem Kind Ihre Gefühle mitzuteilen.
- *Loben Sie Ihr Kind für etwas, was Ihnen beiden wichtig ist.* Wenn das Lob wirken soll, muß das Kind erkennen, daß der Erwachsene an seiner Freude über das Erreichte wirklich Anteil nimmt.

Echtes, von Herzen kommendes Lob für besondere Leistungen ist durch nichts zu ersetzen. Es fördert Selbstachtung und -vertrauen des Kindes und gehört damit zu den wichtigsten Bausteinen für das Selbstwertgefühl eines jungen Menschen. Es macht dem Kind Mut, sich bereitwillig auf neue Tätigkeiten und anspruchsvollere Aufgaben einzulassen.

2

„Nobody is perfect" – auch Ihr Kind nicht!

Ein Kind, dessen Selbstachtung sich noch im Stadium der Entwicklung befindet, darf sein Handeln ruhig kritisch einschätzen, nicht aber die eigene Persönlichkeit herabsetzen.

Achten Sie auf die Reaktion Ihres Kindes, wenn es versagt hat. Sie verrät viel über den Grad seiner Selbstachtung.

„Mensch, bin ich blöd!", schimpfte Kevin, als er gleich fünfmal hintereinander ein Ratespiel verloren hatte. „Blöd, blöd, blöd!"

Irgendwann einmal hatte Kevin wohl diese negative Einstellung von jemandem übernommen. Trauriger aber ist, was sich dahinter versteckt: Kevin fängt nämlich an, seine Leistungen in einem bestimmten Lebensbereich mit seinem Wert als menschliche Person gleichzusetzen. Er hat nicht bloß seine Leistung kritisch bewertet, sondern pauschal Kritik an sich selbst geübt. Wo ein solcher Kurzschluß vorliegt, sollten Eltern oder Erzieher unbedingt einschreiten.

Vor ein paar Monaten hatte ich ein interessantes Erlebnis. Ich beobachtete einen jungen Mann beim Baseball-Training. Mit Hilfe einer automatischen Wurfmaschine, die einen Ball nach dem anderen „ausspuckte", versuchte Robert, seine Treffsicherheit und Reaktionsschnelligkeit zu verbessern. Schon achtundvierzigmal hintereinander hatte er den Ball verfehlt. Ein paar Freunde und Erwachsene standen daneben und sparten nicht mit Ermutigung, Ratschlägen und Anfeuerungsrufen bei den Treffern, oder aber mit Betroffenheit, wenn er das Ziel wieder einmal verfehlt hatte. Der gerade elfjährige Robert hatte also jede Menge Publikum bei seinen achtundvierzig Schlägen. Als er schließlich erschöpft eine Pause einlegte, mußte er sich eingestehen, daß er von sämtlichen Würfen nicht einen einzigen pariert hatte. Doch das schien ihm überhaupt nichts auszumachen. „Gar nicht so einfach, was?“, sagte ich, als er aus der Turnhalle kam.

„Ja“, sagte er und setzte sich neben mich auf eine Bank. „Ich versuch’ schon seit zwei Jahren, mal einen zu treffen. Mit den weichen Bällen komme ich zurecht“, fuhr er sachlich fort. „Und ich kriege etwa die Hälfte von den langsamen. Aber bis jetzt hab’ ich noch keinen einzigen von den schnellen erwischt.“

Zwei Jahre lang hatte er geübt! Ich konnte es nicht fassen. Zwei Jahre lang war Robert immer wieder zum Training gegangen und hatte versucht, die schnellen Bälle zu treffen. Das bedeutete, daß er schon mehrere tausend Male nach den Bällen aus dieser unsichtbaren Maschine geschlagen hatte. Und er schien nicht die geringste Absicht zu haben aufzugeben. Mit seiner ganzen Haltung drückte er aus, daß er weiterhin jedes Wochenende zum Training gehen würde, solange, bis er auch die schnellen Bälle treffen würde.

Ebenso beeindruckt war ich von der Gelassenheit, mit der Robert sein „Versagen“ hinnahm. Er jedenfalls sah sich wegen seiner Mißerfolge nicht als „dumm“ oder „blöd“ an – auch nicht, nachdem Freunde und Familie seine Fehler gesehen hatten.

„Aber Kinder machen nun einmal Fehler“, mögen Sie einwenden. „Sie bringen schlechte Leistungen, und es wäre doch falsch, darüber hinwegzugehen.“

Sie haben Recht. Kinder können versagen. Sie versagen bei einer Aufgabe sogar häufiger, als daß sie Erfolg haben. Doch daß ein Kind einen Fehler macht, bedeutet noch lange nicht, daß es als Mensch ein Versager ist!

Erwachsene sollten sich deshalb bemühen, positiv zu reagieren, wenn ein Kind seine Schwäche eingesteht.

Ich erinnere mich an Rachel, ein musikalisch sehr begabtes Mädchen.

„Hast du mitbekommen, wie ich die Note verhauen habe?“ fragte sie eines Abends nach einem Klavierkonzert, bei dem sie – bis auf diesen einen Fehler – tadellos gespielt hatte. „Ich hab’ das ganze Stück versaut!“ schimpfte sie und schüttelte den Kopf.

„Ja – wirklich“, grinste ich. „Du hast von 1428 Noten eine

einzige verhauen! Ziemlich miese Quote, was?“ Mag sein, daß Rachel nicht einmal wußte, was eine „Quote“ ist, genauso wenig, wie ich mir sicher war, daß das aufgeführte Stück 1428 Noten hatte. Es ging nur darum, daß wir beide wußten, wie winzig der Fehler angesichts der Aufgabe war, und daß er ihrem persönlichen Wert keinen Abbruch tat.

„O Mann; ich hätte heute nicht mal ein Scheunentor getroffen!“ keuchte Jeff, nachdem er im Fußballspiel in der 2. Halbzeit die Reservebank drücken mußte. „Kommt auf die Größe an!“ sagte ich und schmunzelte. Jeff lachte. Wir wußten beide, daß er einen schlechten Tag gehabt hatte, und wir ließen es nicht zu, daß dieser eine Rückschlag sein Selbstwertgefühl verletzte.

Natürlich machen Kinder Fehler. Und sie sollen diese Fehler auch zugeben. Doch wir als Erwachsene müssen dafür sorgen, daß Kinder ihre Selbstkritik auf ihr Handeln beschränken und nicht auf ihren Wert als Person beziehen.

Wenn Erwachsene zulassen, daß Kinder sich kritisieren, folgert das Kind: „Wir sind also einer Meinung! Das heißt: Ich bin wirklich dumm! Sonst hätte Papa ja widersprochen!“ Wenn man es in dieser Weise zuläßt, daß von einem Mißerfolg auf einen geringen Wert als Mensch geschlossen wird, leistet man einem verhängnisvollen Gedanken Vorschub: *„Mein Wert als Mensch hängt mit meiner Leistungsfähigkeit zusammen.“*

Sowohl dieser Gedanke, als auch die Schlußfolgerung: „Ich bin dumm“ können die kindliche Selbstachtung vernichten, wenn man hier nicht konsequent Einhalt gebietet. Eltern sollten es deshalb keinem Kind durchgehen lassen, daß es seine Persönlichkeit herabsetzt, und niemals zulassen, daß Fehler und Versagen eines Kindes mit seinem Selbstwertgefühl verknüpft werden.

3

Höflichkeit? Ja bitte!

Ausuferndes Reden über das, was man tut und das, was man nicht tut, nützt bei Kindern wenig. Das einzige, was hilft, ist das Vorbild der Eltern, die mit gutem Beispiel vorangehen. Wie verhalten Sie sich im Umgang mit Ihrem Kind?

Sagen Sie „Bitte“, wenn Sie einen Wunsch aussprechen, und „Danke“, wenn Ihr Kind ihn erfüllt? Oder bedanken Sie sich grundsätzlich nur für ein Geschenk?

Verlangen Sie vielleicht sogar von Ihrem Kind ein Verhalten, für das Sie selbst kein Vorbild sind?

Wenn Sie Ihrem Sohn oder Ihrer Tochter gutes Benehmen beibringen wollen, sollten Sie es ihm vorführen. Kinder haben von Natur aus die Fähigkeit, Verhaltensweisen nachzuahmen, so daß der Benimm-Unterricht am besten gelingt, wenn man täglich Vorbild ist.

Die Wörtchen „Bitte“ und „Danke“ sollten dabei nicht für Sonn- und Feiertage oder irgendwelche besonderen Ereignissen vorbehalten bleiben. Man kann auch „Danke“ sagen, wenn einem das Kind am Frühstückstisch die Butter reicht oder den Eltern dabei behilflich ist, die Einkaufstüten aus dem Auto in die Wohnung zu tragen.

Wenn Sie selber gutes Benehmen vorleben, teilen Sie Ihrem Kind dadurch mit: „Ich schätze dich genauso wie die Verkäuferin im Supermarkt, bei der ich mich bedanke, wenn sie mir zeigt, wo die Konserven stehen.“

Ihr Vorbild verdeutlicht dem Kind: „Ich möchte, daß du in jeder gesellschaftlichen Schicht zurechtkommst, und daß du den unterschiedlichsten Menschen mit Respekt und Takt begegnest.“

Ich hörte einmal von einer Mutter, die zu ihrem Sohn sagte: „Rede mit jedem Menschen so, als wäre es der Präsident der Vereinigten Staaten, denn du könntest eines Tages dem Präsidenten tatsächlich begegnen!“ Anscheinend hielt diese Mutter ihren Sohn für wertvoll genug, zur Gesellschaft des Präsidenten zu zählen. Für sie ging der Wert ihres Kindes weit über seine gegenwärtige soziale Stellung hinaus. Sie vermittelte ihm durch diese Worte einen Eindruck von seinem eigenen Potential und förderte damit gleichzeitig die Selbstachtung, die das Kind zum Erreichen dieses Potentials benötigte. Mindestens vier Höflichkeitsformeln sollte Ihr Kind beherrschen:

1.) „Bitte“ (lieber einmal zuviel als einmal zuwenig)

2.) „Danke“ (auch bei „Selbstverständlichkeiten“)

3.) „Hallo“ oder „Guten Tag“ (wenn es ein Geschäft betritt, oder wenn Besuch kommt)

4.) „Entschuldigung. Es tut mir leid!“ (wenn es etwas falsch gemacht hat).

Diese vier einfachen Redewendungen sollten dem Kind noch vor der Einschulung in Fleisch und Blut übergegangen sein. Sie erleichtern den Umgang mit Fremden und helfen Ihrem Kind, wenn es an der Schwelle zum Erwachsensein steht, ein gesundes Maß an Stolz und Selbstachtung zu bewahren. In diesem Sinne dient Höflichkeit im Umgang mit unangenehmen Zeitgenossen als Selbstschutz und „Puffer“ zur Außenwelt.

4

„Der schöne Tag“ – gemeinsame Unternehmungen

Wann haben Sie das letzte Mal gemeinsam mit Ihrem Kind etwas ganz Besonderes unternommen? Nur Sie beide allein?

Damit meine ich nicht die fünf Minuten vor dem Einschlafen, wenn Sie Ihrem Kind eine Geschichte vorlesen, sondern einen ganzen Tag, mindestens aber einen Nachmittag oder Abend.

Diese Zeit darf nicht mit Alltagskram ausgefüllt sein, sondern sollte wirklich etwas Besonderes sein. Versuchen Sie es doch einmal!

Viermal im Jahr - oder wenigstens alle sechs Monate - treffen Sie mit Ihrem Kind eine „Verabredung“. Vater und Sohn (oder Tochter) gehen zusammen aus! Natürlich wird Ihr Kind in die Planung des „schönen Tages“ (oder Nachmittages) mit einbezogen.

Vielleicht basteln Sie etwas zusammen, gehen irgendwo hin (ins Kaufhaus, in den Zoo oder ins Schwimmbad) oder spielen zusammen ein Gesellschaftsspiel. Fragen Sie Ihr Kind, wozu es Lust hat!

Ein Bekannter von mir nimmt seinen fußballbegeisterten Jungen gelegentlich ins Stadion mit. Da die Stadt, wo „seine“ Mannschaft spielt, über 100 km entfernt ist, dauert die Fahrt eine ganze Weile – besonders, wenn man die Picknickpause und den Ausflug zum Eismann hinzurechnet! Auch die Rückfahrt zieht sich ziemlich in die Länge, zum einen wegen des Feierabendstaus und zum anderen wegen eines „kleinen Umwegs“ zum Hamburger-Restaurant. Unterwegs haben Vater und Sohn reichlich Zeit zum Reden, zum Lachen oder auch zum Schweigen. Ob die Mannschaft gewinnt oder nicht, ist dabei relativ unerheblich, denn ihren Spaß haben die beiden in jedem Fall.

Oder ich denke an Laura, eine Bekannte. Sie hat sich etwas ganz Besonderes ausgedacht. An einem sonnigen Winternachmittag, wenn die Urlaubssaison vorbei ist, fährt sie mit ihrer Tochter Jessica 260 Meter mit dem Fahrstuhl auf den Fernsehturm. Oben angekommen betreten die beiden das Aussichtscafe und setzen sich in ihre Stammecke. Dann bestellen sie zwei große Pizzas und vergnügen sich auf ihrer Eckbank den ganzen Nachmittag mit Monopoly bei schönster Aussicht auf das Tal. Jessica liebt dieses Spiel. Fast noch mehr liebt sie das heiße Karameldessert, das sie nach dem Spiel bekommt (egal, wer gewonnen hat). Da Laura ein großzügiges Trinkgeld gibt, drückt der Kellner ein Auge zu und läßt die beiden über drei Stunden dort sitzen. „Ich bezahle hier eher für Miete als für den Service", sagt Laura jedes Mal augenzwinkernd. Sie freut sich ebenso wie Jessica auf das Spiel, auf das Essen, die Gespräche und den Austausch von Erinnerungen.

Laura und Jessica haben sich, ohne sich dessen bewußt gewesen zu sein, bei der Auswahl ihrer Unternehmung von drei Prinzipien leiten lassen:

1.) Sie unternehmen etwas, das dem Kind Spaß macht.

2.) Sie unternehmen etwas Besonderes und nichts Alltägliches.

3.) Sie gehen an einen Ort, wo beide unter sich sind.

Solche besonderen Unternehmungen vermitteln dem Kind: „Ich hab' dich lieb! Ich bin so gern mit dir zusammen, daß ich mir einen ganzen Tag freinehme – nur für dich!"

Ich kenne eine berufstätige Mutter, die sich mehrere Jahre lang jeden Sommer einen Urlaubstag nahm, damit sie mit ihrer Tochter gemeinsam in den Park oder in ein Museum gehen konnte. „Das ging soweit, daß ich schon meinerseits Sehnsucht nach einem Ausflug mit meinem Kind bekam", sagte sie später. „Ich freute mich schon Tage vorher so sehr darauf, etwas mit Mary zusammen zu unternehmen, daß ich mich kaum noch auf die Arbeit konzentrieren konnte. Unseren ‚verrückten Tag' nannten wir das damals." Heute ist Mary längst selbst eine Ehefrau und Mutter. Und woran sie sich besonders gern erinnert, wenn sie an ihre Kindheit zurückdenkt, brauche ich Ihnen wohl nicht zu verraten? An die „verrückten Tage" natürlich!

5

Wer die Wahl hat, hat die Qual!

Eine der wichtigsten Fertigkeiten, die Ihr Kind erlernen sollte, ist die Fähigkeit, richtige Entscheidungen zu treffen. Ein Leben, das von Zufriedenheit, Erfolg und erfüllten Beziehungen geprägt ist, beruht immer auch auf der Fähigkeit eines Menschen, sich gut und wohlüberlegt zu entscheiden. Was in unserer Gesellschaft letztlich zählt, sind Menschen, die es gelernt haben, Entscheidungen zu treffen.

Oft werden solche Personen auch „Entscheidungsträger" genannt, und fast immer bekleiden sie führende Positionen in Wirtschaft und Politik.

Gute Entscheidungen beruhen sicher nicht auf der Fähigkeit, sämtliche Möglichkeiten zu überdenken und sich die Folgen auszumalen. Auch Erwachsene sind nicht in der Lage, alle Aspekte eines Umstandes, eines Ereignisses oder einer mitmenschlichen Beziehung auf einen Blick zu erkennen. Entscheidungen stehen unter dem Einfluß der verschiedensten Faktoren, seien es Geld, Zeit, Raum, Verfügbarkeit bestimmter Mittel oder auch die Wünsche anderer Menschen. Insofern leisten wir unserem Kind einen schlechten Dienst, wenn wir es auffordern, immer alles zu bedenken und die verschiedenen Möglichkeiten von allen Seiten zu beleuchten.

Und dennoch gibt es verschiedene Möglichkeiten, wie Sie Ihrem Sohn oder Ihrer Tochter „die Qual der Wahl" erleichtern können.

- *Geben Sie Ihrem Kind nur eine begrenzte Anzahl von Möglichkeiten vor.* „Möchtest du deinem Bruder zum Geburtstag ein Bilderbuch oder ein Auto kaufen?" „Magst du lieber Pizza oder Pommes Frites essen?" „Möchtest du am Samstag zum Schlittschuhlaufen oder zum Bowling gehen?“ Auch ein jüngeres Kind wird Ihnen diese Fragen mit Leichtigkeit beantworten können.

● *Vermitteln Sie Ihrem Kind Spaß an Spielen, in denen man sich entscheiden muß.* Dame, Mühle und andere Brettspiele, Sportarten wie Tennis, Fußball oder Volleyball geben dem Kind die Möglichkeit, sich zu bewähren und ohne elterlichen Einfluß Entscheidungen zu treffen.

● *Sprechen Sie mit Ihrem Kind über das, wofür es sich entschieden hat.* „War das im Rückblick deiner Meinung nach der beste Zug?“ „Wo, glaubst du, war der Wendepunkt im Spiel?“ „Würdest du dich wieder genauso entscheiden, wenn du noch einmal von vorn anfangen könntest?“

● *Bestehen Sie darauf, daß das Kind bei seiner Entscheidung bleibt.* Wenn es nach längerem Überlegen eine angemessene Wahl getroffen hat, sollte es bei dieser Wahl bleiben. Gesagt, getan. Rückzieher gelten nicht! Ebensowenig sollte das Kind sich vor einer Entscheidung drücken dürfen! Es soll merken, daß jede Entscheidung Konsequenzen nach sich zieht.

● *Erweitern Sie die Entscheidungsmöglichkeiten, wenn das Kind damit umzugehen gelernt hat.* Jetzt können Sie von ihm erwarten, daß es von drei, vier oder sogar noch mehr Möglichkeiten die beste erkennt. „Einen von diesen vier Filmen darfst du dir heute nachmittag ansehen.“ Oder: „Nimm das Buch, das dir von allen am besten gefällt!“

Ein älteres Kind oder ein Jugendlicher sollte darüberhinaus in der Lage sein, sich nicht nur zu entscheiden, sondern auch über den Prozeß der Entscheidungsfindung nachzudenken.

Auch die Fähigkeit, Wahlmöglichkeiten zu benennen und sich für eine zu entscheiden, trägt zum Selbstbewußtsein und zur Selbstachtung eines jungen Menschen bei – vor allem dann, wenn er auch später noch damit zufrieden ist.

6

Vom Sinn des Schwimmenlernens

Einen besonders großen Schub für sein Selbstvertrauen erlebt ein Kind, wenn es schwimmen gelernt hat.

Wer schwimmen lernt, überwindet eine der Hauptängste des Lebens: die Angst vor dem Wasser. Erwachsene, die nicht schwimmen können, denken oft mit Schrecken an Bootsfahrten oder an Flüge über den Ozean. Sie geraten jedesmal in eine mittlere Panik, wenn sie Kinder oder Tiere am Wasser oder in einem Schwimmbekken sehen. Nichtschwimmer zu sein kann einen Menschen emotional lähmen und ihn ins gesellschaftliche Abseits geraten lassen.

Beim Schwimmenlernen überwindet das Kind nicht nur eine der Grundängste; es lernt zugleich etwas Neues, lernt seinen Körper kennen und freut sich am Zusammenspiel der Bewegungen. Schwimmenlernen zeigt ihm, wie man Ängste meistert, neue Techniken erwirbt und schließlich eine neue Stufe der Unabhängigkeit erfährt. Außerdem lernt das Kind, wie man mit Hilfe von grundlegenden Sicherheitsmaßnahmen Unfälle verhüten kann.

Ab welchem Alter kann ein Kind schwimmen lernen?

Viele Eltern fangen schon bei sechs Monate alten Babys mit einfachen Bewegungsübungen im Wasser an. Wenn Sie so früh anfangen wollen, sollten Sie einen ausgebildeten und im Unterricht mit Kleinkindern erfahrenen Lehrer heranziehen. Das Durchschnittsalter für den ersten Schwimmunterricht liegt bei drei bis vier Jahren, wenn sich beim Kind Motorik und Muskulatur so weit entwickelt haben, daß es die grundlegenden Arm- und Beinbewegungen koordinieren kann. Wenn Ihr Kind Freude daran hat, „Hampelmann“ zu spielen, kann es auch schwimmen lernen!

Auch wenn Sie einen Sohn oder eine Tochter im jugendlichen Alter haben, sollten Sie nicht glauben, es sei zu spät. Erkundigen Sie sich am besten gleich in Ihrem Schwimmbad, wann die nächsten Kurse beginnen.

Was kennzeichnet einen guten Schwimmlehrer?

Fragen Sie nach, ob der Lehrer die entsprechenden Ausbildungsnachweise der DLRG besitzt und welche Erfahrung er im Schwimmunterricht gesammelt hat.

Worin sollte das Kind unterrichtet werden?

Klären Sie, ob der Unterricht auch Sicherheitsmaßnahmen umfaßt (Verhalten in Notfällen, Lebensrettungsmaßnahmen, Erste Hilfe), was zum Beispiel für Bootsfahrten und eventuelle spätere Kanutouren sehr wichtig ist.

Auch sollte das Kind lernen, wie man mit Wadenkrämpfen umgeht, wie man taucht und wie man die Augen unter Wasser offenhält. Leider haben viele Kinder auch nach dem Schwimmunterricht noch keine Ahnung von diesen Grundtechniken, die bei lebensgefährlichen Situationen, etwa Unfällen auf See oder Schiffsunglücken, ganz entscheidend sein können.

Vor allem aber sollte dem Kind vermittelt werden, daß Schwimmen Spaß macht und eine gesunde Freizeitbeschäftigung ist, daß man sich aber andererseits auch nicht rücksichtslos gehen lassen darf. Dies bedeutet, daß Kinder, die wichtige Sicherheitsregeln nicht beachtet haben, zur Verantwortung gezogen werden müssen.

Und wie sieht es mit Ihren eigenen Schwimmkünsten aus?

Wird es nicht langsam Zeit, schwimmen zu lernen, wenn Sie es noch nicht können? Oder müßten Sie nicht an einem Auffrischungskurs für Erste Hilfe teilnehmen? Haben Sie schon einmal einen DLRG-Kurs mitgemacht?

Kluge Eltern lernen solche Fertigkeiten, damit sie ihrem Kind im Notfall als Lebensretter dienen können. Bitte lassen Sie Ihr Kind niemals allein oder unbeobachtet schwimmen. Wenn es in der Nähe des Wassers spielt oder bereits im Wasser ist, sollten Sie es stets im Auge behalten. Wenn Sie mit Ihrem Kind am Strand oder am Ufer eines Gewässers sind, sollten Sie bedenken, daß Wasser für ein Kind immer eine Versuchung ist, denn Kinder lieben nun einmal das Nasse und gehen auch gerne hinein. Passen Sie deshalb mit

Argusaugen auf! Lassen Sie es nicht so weit kommen wie Anne, die Mutter eines zweijährigen Jungen, die „nur mal eben“ ins Haus ging, weil das Telefon klingelte. Es fehlten nur Sekunden, und sie hätte ihren Sohn verloren, der ein paar Meter vom Swimmingpool entfernt Ball spielte. Als der Ball ins Wasser rollte, lief Jeremy hinterher und plumpste hinein. Nur durch sofortige Erste Hilfe und fachmännische Wiederbelebungsmaßnahmen konnte der Kleine gerettet werden. Wenige Minuten später wäre er tot gewesen.

Schwimmen zu können ist für Kinder eine ganz wichtige Fähigkeit. Sie trägt zu Selbstvertrauen und Selbstachtung bei, und sie kann in einem Notfall das Leben des Kindes bewahren.

7

Machen Sie Ihr Kind zum Ehrengast!

Nichts gibt einem Kind so sehr das Gefühl, wichtig zu sein, wie der Status eines „Ehrengastes“ – ausgesprochen von denen, die es schätzt und liebt.

„Du bist herzlich eingeladen“, hieß es auf einer eleganten, handgeschriebenen Karte, „zu einem feierlichen Essen Dir zu Ehren.“

Dasselbe stand auf einer verschnürten Pergamentrolle, die Philipp in die Hand gedrückt bekam, als er abgekämpft vom Fußballtraining nach Hause kam.

Warum diese Ehre? Philipp hatte am gleichen Morgen ein geradezu hervorragendes Schulzeugnis bekommen. Es war sein bisher bestes und krönte ein erfolgreiches Halbjahr voller ernsthafter Arbeit und schwer errungener Konzentration auf die Hausaufgaben. Für einen Jungen, der lieber Fußball spielte als Geschichte zu lernen, eine großartige Leistung!

Um dieses Ereignis in rechter Weise zu würdigen, holte Philipps Mutter das beste Familienporzellan hervor, stellte teure Kristallgläser und silberne Kerzenhalter auf den Tisch, deckte weiße Spitzentücher und frisch gestärkte Servietten und kochte dann das, was ihr Sohn am allerliebsten aß: Hot Dogs, Pommes Frites, Currywurst und zum Nachtisch Schokoladenkuchen. Hot Dogs auf dem Silbertablett? Na klar! Pommes Frites mit weißen Servietten? Aber sicher! Fehlt nur noch die Cola im Kristallglas, was? Sie haben's erraten: Auch dafür wurde gesorgt.

Philipps Vater erhob vor dem Essen sein Glas zu einem Trinkspruch. Dann hoben auch seine großen Brüder ihr Glas, stießen an und ließen – zusammen mit den Eltern – den fleißigen kleinen Fußballer dreimal hochleben. Vor dem Tischgebet hielt dann der Vater noch eine kurze Rede, in der er das ausgezeichnete Zeugnis nochmals lobend erwähnte.

Bevor Philipps Mutter die Tafel aufhob, faßte sie zusammen, worum es der Familie bei diesem feierlichen Essen gegangen war: „Besondere Leistungen verdienen eine besondere Anerkennung. Philipp, wir sind stolz auf dich!"

(Natürlich brauchte Philipp nicht beim Abräumen und Spülen zu helfen, was ihm an diesem Abend am besten gefallen haben dürfte.)

Noch zwanzig Jahre später betont Philipp, daß dieser Abend zu seinen schönsten Kindheitserinnerungen gehört. „Mir wurde zum ersten Mal klar, daß ich etwas schaffen konnte, was andere für wichtig hielten. Es war ein großer Schritt ins Erwachsenendasein."

Natürlich braucht man nicht einen derartigen Aufwand, um einem Kind das Gefühl der Besonderheit zu geben. Ich kenne eine Mutter, die sich etwas ganz Einfaches ausgedacht hat: Hin und wieder stellt sie einen bestimmten Teller, ein altes Familienerbstück, an den Stammplatz eines ihrer Kinder. Das Erscheinen des Tellers signalisiert dem betreffenden Kind, daß es eine Belohnung bekommen wird, beispielsweise seinen Lieblingsnachtisch. Bei welchen Gelegenheiten? Zum Beispiel neulich, als der Zahnarzt nicht zu bohren brauchte.

Auch mit kleinen Tricks kann man die Selbstachtung eines Kindes fördern!

8

Fragen Sie Ihr Kind nach seiner Meinung

Die Selbstachtung eines Kindes beruht zu einem großen Teil auf dem Bewußtsein, daß seine Gefühle und Gedanken für Eltern, Familie, Freunde und Schulkameraden wichtig und interessant sind. Fragen Sie Ihr Kind doch einmal:

„Was meinst du dazu?"

„Was hältst du von diesem Plan?"

Dies sind Fragen, die Erwachsene im Umgang mit anderen Erwachsenen, zum Beispiel am Arbeitsplatz oder in den täglichen Gesprächen mit Ehepartnern und Freunden, für selbstverständlich halten. Aber wie oft kommen solche Fragen im Gespräch von Erwachsenen und Kindern vor? Jedenfalls viel zu selten! Nicht, weil Kinder keine Gedanken, Meinungen oder Vorstellungen haben. Nur kommen Erwachsene einfach zu selten auf die Idee, sie zu fragen. Schlimmer noch: Erwachsene fahren Kindern gelegentlich über den Mund, wenn sie versuchen, ihnen ihre Gedanken und Gefühle mitzuteilen.

Kennen Sie eigentlich die Ansichten Ihres Kindes? Wissen Sie, was es denkt oder wovon es träumt? Haben Sie es in letzter Zeit einmal danach gefragt?

Die meisten Kinder haben sich schon in jungen Jahren eine eigene Meinung gebildet, meist in Form von bestimmten Vorlieben und Abneigungen. Auf manches reagieren sie bejahend, auf anderes ablehnend. In dem Maße, wie sie ihre kleine Welt erkunden, nehmen sie bestimmte Dinge, Personen und Situationen wahr und andere nicht. Jedenfalls haben sie eine ausgeprägte Vorstellung davon, wie etwas beschaffen sein sollte und wie nicht. Daß sie dabei oft eine „blühende Phantasie“ entwickeln und die Umwelt anders interpretieren als wir, steht auf einem anderen Blatt. Wichtig ist, daß für das Kind seine Vorstellungen ganz real sind und damit aus seiner Sicht genauso richtig wie die „objektive“ Sicht der Erwachsenen.

Um das Selbstwertgefühl eines Kindes zu fördern, sollte man es sich als Erwachsener – besonders als Eltern – angewöhnen, sich mitten in einem Gespräch einmal an das Kind zu wenden und zu fragen: „Was meinst du eigentlich dazu? Wie findest du diesen Vorschlag? Oder meinst du, wir sollten es anders machen?“

Beziehen Sie das Kind auch in Ihre Tischgespräche mit ein. Nehmen Sie sich Zeit, um seine Gedanken zu ergründen, und kritisieren Sie nicht die Meinung des Kindes! Als Meinung ist sie genauso gültig wie jede andere. Vermitteln Sie dem Kind, daß es seine Meinung sagen darf, egal, welche es hat.

Machen Sie sich auch nicht lustig über das, was ein Kind denkt und sagt. Regen Sie sich nicht über seinen Mangel an Logik auf oder darüber, daß seine Ideen „völlig unrealistisch“ sind. Denken Sie lieber an die Prinzipien des „Brainstorming“: Jede Idee, auch die dümmste, darf mitgeteilt werden, denn im Überdenken und Abwägen der schlechten Ideen entstehen schließlich die guten. Fragen Sie Ihr Kind ruhig: „Was würde deiner Meinung nach passieren, wenn wir es so machen würden?“ Oder: „Glaubst du, das würde immer klappen oder nur in diesem besonderen Fall?“ Sie werden sich wundern, welchen kreativen Verlauf eine solche Unterhaltung nehmen kann!

Verwerfen Sie die Meinung des Kindes nicht in Bausch und Bogen, nur weil sie schlecht begründet ist. Versuchen Sie nicht, das letzte Wort zu haben und zu sagen: „Das ist Quatsch.“ Sagen Sie lieber: „Ich denke mal darüber nach“, oder „Ich will mal mit andern darüber reden.“ Fast immer geht es dem Kind weniger um die Durchsetzung seiner Idee als um die Freude, daß seine Meinung berücksichtigt worden ist.

Das wichtigste Ergebnis eines Austausches zwischen Erwachsenem und Kind ist die ein Leben lang anhaltende Bereitschaft des Kindes, anderen seine Gedanken und Gefühle mitzuteilen. Wenn ein Kind selten oder nie nach seinen Vorstellungen und Meinungen gefragt wird, wird es mit den Eltern auch in der Pubertät nicht freiwillig über Drogen, Sex, Gott oder über Träume und Lebensziele sprechen wollen. Ein Kind, dessen Gedanken und Gefühle nie beachtet oder berücksichtigt wurden, wird auch als Erwachsener seinen Eltern kaum seine Meinung preisgeben.

Ein Kind mit einem ausgeprägten Selbstwertgefühl jedoch kann auch als Heranwachsender in den Spiegel sehen und sich sagen: „Meine Ideen haben ihren Wert. Meine Ansichten sind gut begründet und werden beachtet. Meine Gedanken sind es wert, anderen mitgeteilt zu werden."

Und wenn Sie schon im Kindesalter auf ein solch positives Wertgefühl hinarbeiten, haben Sie viel für Ihre Tochter oder Ihren Sohn getan!

9

Vom kleinen zum großen Künstler

Es gibt eine ebenso einfache wie wirkungsvolle Methode, Kindern zu vermitteln, daß man sie mag: indem man die „Kunstwerke“ würdigt, die sie geschaffen haben. Dies läßt sich am besten dadurch erreichen, daß man die Arbeiten an einem besonderen Platz ausstellt.

Bei manchen dient die Kühlschranktür als Ausstellungsfläche. Bei anderen ist es die Pinnwand in Küche oder Wohnzimmer. Sie können auch einen Wechselrahmen an die Wand hängen oder am Schlafzimmerschrank eine Magnettafel befestigen.

Wenn man die Arbeiten seines Kindes ausstellt, zeigt man ihm damit, daß sie den Eltern etwas bedeuten. Lassen Sie uns nun ein wenig genauer untersuchen, was zu einer solchen Ausstellung dazugehört:

- *Zeigen Sie Ihrem Kind, daß Sie seine Arbeiten wichtig finden!* Sie auszustellen ist der beste Weg dazu. Das Kind beobachtet täglich, wie Sie Reklamepost wegwerfen, die Tageszeitung entsorgen und sich von überflüssigen Anleitungen und Anzeigenbeilagen trennen. Wahrscheinlich sieht Ihr Kind Sie mehr Papier wegwerfen, als Sie behalten! Daraus schließt es, daß Mama und Papa diesen Haufen Papier einfach nicht mögen.

Wenn Sie nun die Bilder des Kindes aufbewahren und sogar aufhängen, folgert es (völlig korrekt) daraus: „Mein Werk zählt! Meine Bilder sind kein Müll, sondern Kunst!“ Und weil die Arbeit eines Kindes ein Ausdruck seiner Persönlichkeit ist, wird ihm durch die Ausstellung vermittelt, daß es selbst wichtig ist. Man mag sein Werk, also mag man auch das Kind als Person.

- *Zeigen Sie, daß Sie sein Bild verstehen!* Viele kindliche Kunstwerke kommen Ihnen wahrscheinlich nicht sinnvoll vor. Vielleicht sind sie auch nicht besonders schön. Mag sein, daß Sie nicht einmal ahnen, was Ihr Kind überhaupt ausdrücken will. Wenn Sie dennoch die Werke des „kleinen Künstlers" behalten und aufhängen, bewirken Sie damit zweierlei: Erstens erkennen Sie das Bild als eine vollwertige und gültige ästhetische Ausdrucksform an. Und damit ermuntern Sie das Kind gleichzeitig, auch in Zukunft seine Gedanken, Gefühle und Phantasien offen auszudrücken. Sie sagen damit: „Aha, so also siehst du die Welt. Das finde ich gut: Es ist deine ganz persönliche Perspektive, und ich finde diese Sicht der Dinge sehr interessant."

Zweitens geben Sie dem Kind einen Anreiz, noch weitere und vielleicht andere Ausdrucksweisen für seine Persönlichkeit zu suchen und zu finden. Das Kind denkt vielleicht: „Hm, wenn Mama und Papa diese Zeichnung toll finden, dann könnte ich es ja mal mit einem Tanz versuchen oder ein Gedicht schreiben oder ein anderes Bild malen." Auf diese Weise lernen Sie den Charakter und die Begabungen Ihres Kindes immer besser kennen.

● *Zeigen Sie, daß Sie die Arbeit des Kindes zu schätzen wissen.* Seine Kreativität und die Ergebnisse dieser Kreativität sind als Geschenke an Sie gedacht und werden Ihnen aus freien Stücken überreicht. Seien Sie darum ein „Gentleman" und würdigen Sie die Gaben Ihrer Kinder entsprechend.

Wenn es Ihnen ein „Kunstwerk" überreicht, sollten Sie diese Arbeit übrigens nicht nur als persönliches Geschenk, sondern als ein Geschenk an die ganze Welt verstehen. Suchen Sie sich etwas daran aus, worüber Sie sich ehrlichen Herzens freuen können. „Toll, diese bunten Farben, die du hier verwendet hast – und diese dicken Striche - wirklich schön!"

Vielleicht fragen Sie sich, wie lange man die Bilder und Arbeiten eines Kindes ausstellen sollte? Teilweise hängt es davon ab, wie produktiv Ihr Kind ist.

Vielleicht wechseln Sie einfach die Bilder eines Schuljahres gegen die des nächsten aus. Oder Sie lassen gleichzeitig mehrere Bilder hängen. Wie immer Sie sich auch entscheiden: Sie sollten das Kind nicht zusehen lassen, wenn Sie die alten Arbeiten fortwerfen! Machen Sie das ganz diskret!

Und Vorsicht! Hängen Sie nichts auf, was dem Kind ausgesprochen peinlich ist, weil es ihm nicht gefällt. Auch wenn Sie selbst das Bild „niedlich“ finden, könnte Ihr Sohn oder Ihre Tochter es für eine schlechte Leistung halten, und Sie sollten sich in diesem Fall nach dem Urteil Ihres Kindes richten.

Eine Ausstellung der Arbeiten eines Kindes gibt öffentlich bekannt: „Hier wohnt und lebt ein Kind, ein kleiner Mensch, der etwas ganz Besonderes ist. Sehen Sie selbst, wie viel uns dieses Kind bedeutet.“ Was könnte das Selbstbewußtsein Ihres kleinen Künstlers besser fördern? Warten Sie's nur ab. Eines Tages wird er noch ein großer Künstler!

10

Helfen Sie Ihrem Kind, Freundschaften zu schließen

Kinder wissen nicht von allein, wie man Freunde gewinnt. Es ist für sie als ziemlich egoistische Wesen mit starker Besitzermentalität sogar oft sehr anstrengend, Freundschaften zu schließen.

Besonders Kinder, die sich bewußt sind, daß sie zu Hause beachtete und geliebte Familienmitglieder sind, stehen in der Gefahr zu denken, daß der Rest der Welt so reagiert wie die eigene Familie. Sie gehen in die „große weite Welt" hinaus und erwarten, daß die anderen kommen, wenn man sie ruft, daß sie hergeben, worum man sie bittet, und freundlich lächeln, wenn man selbst schlecht gelaunt ist.

Problematisch ist es auch, wenn Ihr Kind wenig Erfahrung mit Gleichaltrigen hat. Es ist vielleicht an größere Kinder gewöhnt und nimmt eine untergeordnete Rolle an, oder es spielt zu Hause „Baby", eine Methode, mit der sich ein Kind eine gewisse Macht verschaffen kann. Wenn es dann außer Haus Gleichaltrigen begegnet, besonders, wenn es sich um größere Gruppen handelt, ist auf einmal „alles anders", und das Kind macht neue Erfahrungen.

Was können nun Sie als Eltern tun, um Hilfestellung beim Schließen neuer Freundschaften zu leisten?

- *Beteiligen Sie sich, wenn Ihr Kind zum ersten Mal mit seinem „neuen Freund" spielt.* Sie brauchen und sollen nicht ständig dabeibleiben. Aber zu Beginn einer neuen Beziehung ist es empfehlenswert, eine Weile lang mitzuspielen. Die meisten Eltern machen sich nicht klar, daß Kinder zum Gebrauch ihrer Spielsachen und zum Spielen miteinander Anleitung brauchen.

● *Geben Sie Ihrem Kind ein paar Sätze mit, mit denen es das Eis brechen kann.* Zum Beispiel: „Hallo, ich heiße Thomas; und wie heißt du?“ Wahrscheinlich ist dies die häufigste Form der Selbstvorstellung aller Zeiten, aber sie funktioniert auch heute noch. Bringen Sie dem Kind einige Fragen bei, die Ihnen selbst sicher schon in Fleisch und Blut übergegangen sind und die auch Sie im Gespräch mit neuen Bekannten in ähnlicher Form benutzen würden. „Wo wohnst du? Hast du noch Geschwister? Was für Spiele magst du am liebsten?“

● *Geben Sie Ihrem Kind viel Freiraum, um Freunde mit nach Hause zu bringen.* Dafür ist kein besonderer Aufwand Ihrerseits nötig. Legen Sie lediglich die Zahl der Kinder fest, die gleichzeitig in die Wohnung kommen dürfen, und sagen Sie deutlich, wann die „Besuchszeit“ vorbei ist.

● *Vergessen Sie nicht, daß Kinder mit ihren Freunden „Höhen und Tiefen“ durchmachen, genauso wie auch Erwachsene Entfremdung, Distanz und Nähe mit ihren Freunden erleben.* Erwarten Sie nicht, daß bei Kinderfreundschaften alles glatt läuft. Warum sollte es? Kinder sind auch nur Menschen.

● *Ermutigen Sie Ihr Kind, mehrere Freundschaften zu schließen.* Ein Kind, daß sich auf nur einen „besten Freund“ beschränkt, wird wahrscheinlich völlig verzweifelt reagieren, wenn dieser Freund fortzieht oder nicht mehr mit ihm spielen will.

● *Erwarten Sie von Ihrem Kind nicht, daß es alle Menschen mag, die Sie mögen.* Eltern halten oft Ausschau nach dem „idealen Freund“ für ihr Kind; nur ist das Kind in dieser Hinsicht selten der gleichen Meinung. Wie sagte Ihr Sohn als Dreijähriger so schön? „Selber machen!“ Das gilt auch für das Aussuchen von Freunden.

Freundschaften schließen und bewahren ist eine Aufgabe fürs Leben. Und wer Freunde hat, hat gewöhnlich auch Selbstvertrauen.

11

Prädikat: Besonders wertvoll!

Selbstachtung beruht auf dem Gefühl, etwas wert zu sein – insbesondere auf dem Wert, den Kinder sich selbst beimessen.

Jedes Kind besitzt ein angeborenes Selbstbewußtsein. Doch erst in der frühkindlichen Sozialisation lernt das Kind, seine Persönlichkeit auf einer gesellschaftlichen „Werteskala“ einzuordnen. Kinder werden weder mit niedriger noch mit hoher Selbstachtung geboren.

Ein Kind lernt auf zweierlei Weise, welchen Wert es hat. Erstens dadurch, daß jemand, den das Kind bewundert, liebt und respektiert, ihm vermittelt, daß es etwas Besonderes ist, das heißt, daß es wertvoll ist. Zweitens dadurch, daß seine Äußerungen und Taten im Familien- und Freundeskreis und später in einem größeren sozialen Umfeld für gut befunden werden.

Untersuchen wir die Entstehung der Selbstachtung noch etwas genauer:

Wichtig ist, daß ein Kind Beifall und Ermutigung durch einen Erwachsenen erfährt, den es bewundert, liebt oder zumindest respektiert. Ich gebe Ihnen einige Beispiele für Aussagen, die Ihrem Kind Anerkennung und Wertschätzung vermitteln:

- „Gott muß uns sehr liebhaben, daß er uns jemanden wie dich als Sohn gegeben hat.“
- „Niemand könnte dich ersetzen.“
- „Wir haben dich ganz, ganz lieb!“
- „Du hast einen Platz in unserem Herzen, und niemand sonst auf der Welt kann diesen Platz ausfüllen!“

Ist Ihnen aufgefallen, daß all diese Bestätigungen der Persönlichkeit des Kindes gelten, und nicht seinen Taten?

Es gibt nämlich einen Unterschied zwischen der Anerkennung für das Kind als Person und der Anerkennung für sein Handeln, ähnlich dem Unterschied zwischen Sünder (Mensch) und Sünde (Tat). Wenn man ein Kind straft, sollte man es nur für das bestrafen, was es *getan* hat, und ihm klarmachen, daß man es als Mensch nach wie vor liebt.

Ich kann mir nichts Traurigeres oder Destruktiveres vorstellen als Eltern, die in ihrer Wut zu ihrem Kind sagen: „Du bist wertlos. An dir ist nichts Gutes. Du bist ein Versager. Ich wünschte, du würdest aus meinem Leben verschwinden." Und doch vermitteln viele Eltern unterschwellig diese Botschaft, nämlich dann, wenn sie die Tat des Kindes (seine Sünde) nicht von seiner Person (dem Sünder) trennen – nicht nur, wenn es um eine Strafe geht, sondern auch, wenn sie verbal ihrer Enttäuschung über das Verhalten des Kindes Luft machen.

Liebevolle Eltern gehen anders vor. Sie sagen zum Beispiel: „Jessica, dieses Wochenende hast du Stubenarrest, weil du nicht getan hast, was ich dir gesagt habe. Ich möchte, daß du auf meine Anweisungen hörst, weil ich dich liebe und dir ein erfolgreiches Leben wünsche. Eines Tages muß sich dein Chef auf dich verlassen können, das heißt, du mußt Anweisungen befolgen können und pünktlich sein. Du bist mir wichtig genug, daß ich dich jetzt bestrafe, denn ich möchte, daß du dich in Zukunft anders verhältst, als du dich vorhin verhalten hast."

Letzten Endes bestimmt ein Kind das Maß seiner Selbstachtung selbst. Das Ziel Ihrer Erziehung besteht darin, daß Ihr Kind dahin kommt, aus voller Überzeugung zu sagen: „Ich bin ein Mensch, den man bewundern, lieben und respektieren kann! Und ich akzeptiere mich selbst so, wie ich bin."

Wie können Sie dieses hohe Ziel erreichen?

● *Erwähnen Sie dem Kind gegenüber immer wieder die Gelegenheiten, wo es sich ehrlich und fair verhalten hat:* „Ich bin froh, daß du so ein ehrlicher Mensch bist, Joe. Man kann einen ehrlichen Menschen gar nicht hoch genug einschätzen."

● *Loben Sie es, wenn es etwas abgegeben hat:* „Daß du Mary dein Spielzeug gegeben hast, war wirklich sehr lieb von dir, Tim."
● *Loben Sie Ihr Kind, wenn es Verantwortung übernimmt.* „Ich bin sehr froh, daß ich dich kaum daran erinnern muß, deine Katze zu füttern, John. Du wirst bestimmt einmal ein sehr verantwortungsbewußter junger Mann."

Wenn ein Kind solche anerkennenden Worte hört, wird es sich allmählich auch selbst für sein Handeln loben: „Ich habe in dieser Situation das Richtige getan. Wenn ich es nicht tue, tut es niemand, es kommt also auf mich an (= ich bin wichtig)!"

Oder: „Ich kann etwas von meinen Sachen abgeben, und das ist gut. Wenn ich nichts abgeben würde, würde dieser Mensch vielleicht von niemandem ein solches Geschenk bekommen. Ich werde also gebraucht (= ich bin wichtig)!"

„Ich bin wichtig!"

Welch ein wichtiger Gedanke für die seelische Entwicklung eines jungen Menschen. Denn ein Mensch, der sich für wichtig hält, ist ein Mensch mit Selbstachtung.

12

Beten Sie mit Ihrem Kind

Ihr Kind muß wissen, daß es nicht nur für die Eltern, sondern auch für Gott wichtig ist. Lassen Sie Ihr Kind wissen, daß es einen Wert für alle Ewigkeit hat.

Schon sehr früh können Kinder begreifen, daß es einen Gott gibt, der immer da ist und ihnen immer zuhört. Welch ein Trost für ein Kind, dessen Eltern beruflich oft unterwegs sind oder manchmal bis spät in den Abend hinein arbeiten müssen. Welch ein Trost auch für Kinder, die ein Elternteil oder gar beide Elternteile durch Tod verloren haben. „Ein Vater der Waisen ist Gott" heißt es im 68. Psalm (Vers 6).

Durch nichts zu ersetzen ist der Satz: „Gott hat dich lieb. Und ich auch." Eltern können dies ihrem Kind gar nicht oft genug vorsagen!

Ich kenne einen Vater, der seinen Sohn, so oft es geht, wissen läßt: „Gott hat dich erschaffen. Und Gott macht nichts Wertloses!"

Oder ich denke an die Mutter, die mindestens einmal pro Woche ihren Kindern ihr Lieblingslied vorsingt – nicht, weil sie das Gefühl hat, sie müßte das tun, sondern weil sie dieses Lied im Herzen trägt und es ihr deshalb auch oft über die Lippen kommt: „Ich weiß, Er liebt den Sperling, und ich weiß, Er liebt auch Dich." Kein Wunder, daß die Kinder inzwischen alle Verse kennen und man sie immer wieder hören kann, wie sie das Lied leise vor sich hin singen.

Die wohl wirksamste Möglichkeit, Kindern zu vermitteln, daß sie in Gottes Augen wichtig sind, besteht darin, daß man regelmäßig für sie und mit ihnen betet.

Wie könnte man ein Kind besser trösten, als wenn man es auf den Schoß nimmt, umarmt und mit ihm betet:

„Himmlischer Vater, ich bin Dir so dankbar, daß Du Betty geschaffen und sie unserer Familie geschenkt hast. Danke, daß Du ihr ein fröhliches Lächeln, Phantasie, Energie und Gesundheit geschenkt hast. Ich weiß, wie sehr Du sie liebst und daß Du nur das Beste für sie willst. Hilf mir, daß ich für Betty eine gute Mutter bin, und hilf Betty, eine Frau zu werden, die Deine Liebe zu ihr jeden Tag ihres Lebens erwidert."

Oder nehmen Sie das folgende Gebet. Wie positiv muß es sich auf die Selbstachtung eines Kindes auswirken, wenn sein Vater neben seinem Bett niederkniet und betet:

„Himmlischer Vater, danke, daß Du uns Johnny gegeben hast. Hilf mir, ihm ein guter Vater zu sein. Schenke ihm Kraft und Gesundheit, und hilf ihm, in seinem Leben das Beste zu geben."

Vermitteln Sie dem Kind die Gewißheit, daß Gott Gebete hört und auch erhört. Machen Sie Ihrem Kind klar, daß Gott es immer lieben wird, auch wenn er seine Gebete vielleicht anders beantwortet als gedacht.

Wenn ein Kind daran glaubt, daß es für Gott wichtig ist und von Ihm geliebt und geschätzt wird, wird es keine Zukunftsängste mehr haben. Es hat einen ewigen Verbündeten, der ihm zur Seite steht. Es besitzt ein Selbstwertgefühl, das über die Gegenwart hinausgeht, und die Zuversicht, daß bei allem, was geschieht, eine höhere Macht als Mama oder Papa auf seiner Seite ist.

Kinder, für die gebetet wird, sind Kinder mit Selbstvertrauen!

13

„Susi, sag mal saure Sahne ...“ – Umgang mit Sprachproblemen

Schon in jungen Jahren wird das Bewußtsein des Kindes dafür geschärft, ob es in eine Gemeinschaft von Gleichaltrigen, zum Beispiel in der Schule oder im Sportverein, „paßt“ oder nicht. Ein gewisses Maß an Anpassungsvermögen ist wichtig. Es hilft dem Kind, sich selbst zu definieren, seine Rolle in der Gruppe zu finden und einen Sinn für Zugehörigkeit und Angenommensein zu entwickeln.

Es gibt zahlreiche Faktoren, die von Ihrem Kind oder den anderen unbewußt registriert werden, um festzustellen, ob der „Neuling“ in eine Gruppe paßt oder nicht. Derjenige Faktor, den man von elterlicher Seite aus wohl am ehesten beeinflussen kann, ist die Sprache. Es ist nämlich von ganz entscheidender Bedeutung, daß ein Kind die gleiche Sprache spricht wie sein soziales Umfeld.

Wenn Ihr Kind eine andere Sprache als Deutsch spricht, obwohl es in einem deutschsprachigen Land lebt, sollten Sie sich schon sehr bald darum bemühen, daß es auch Deutsch lernt. Das gleiche gilt für deutschsprachige Kinder in fremder Umgebung. Sie würden sonst Ihr Kind einer Sprachbarriere aussetzen, was ihm sicher nicht gut bekommen würde.

Zur Sprachbeherrschung gehört auch, flüssig sprechen zu können, so daß Ihr Kind unmittelbar verstanden wird, daß es nicht stottert oder lange Pausen einlegt, was unweigerlich zu Mißverständnissen führen würde.

Möglicherweise wird Ihr Kind Sprachtherapie brauchen. Dies ist nichts Anrüchiges, denn irgendwann im Laufe ihrer Entwicklung brauchen Kinder ohnehin korrigierende Hinweise, und sei es nur, daß Vater oder Mutter es verbessern müssen: „Es heißt nicht

‚Teletofon', sondern ‚Telefon'! Sag es bitte noch einmal richtig!" Wenn sich Sprachprobleme auch nach mehreren Monaten nicht legen, sollte die Hörfähigkeit des Kindes überprüft werden. Wenn keine Hörprobleme vorliegen, sollten Sie sich nach etwa einem halben Jahr an einen Sprachtherapeuten wenden. Die meisten Schulen bieten in den ersten Klassen eine Sprachförderung, und die Grundschullehrerin Ihres Kindes ist sicher auch in der Lage, Ihnen einen guten Logopäden zu empfehlen. Je früher Ihr Kind mit seinen Übungen zur Behebung der Sprachstörungen anfängt, desto größer ist die Chance des Erfolgs.

Gehen Sie nicht davon aus, daß Ihr Kind es schon „irgendwie schaffen" wird. Sie könnten nämlich vergeblich darauf warten. Außerdem besteht die Gefahr, daß das Kind in der Zwischenzeit sozial geächtet oder gar verstoßen wird. Das Einfügen in eine Gruppe von Gleichaltrigen sollte wirklich nicht unterschätzt werden. Lassen Sie also nicht zu, daß Sprachstörungen zu einem Hindernis für Ihr Kind werden, wenn sie behoben werden können.

Vielleicht wird Ihr Kind auch Grammatikunterricht benötigen. Mir ist bisher noch kein einziges Kind begegnet, das keine Grammatikfehler gemacht hätte. Fehler gehören zum Spracherwerb nun einmal dazu. Kinder probieren die verschiedensten Kombinationen von Wörtern aus („Moko Olive", „Lokotive", „Lokomotive"). Wenn fehlerhafte Kombinationen nicht sofort verbessert werden, bleibt beim Kind der Eindruck haften, es habe richtig gesprochen, und es wird sich das falsche Sprachmuster wahrscheinlich einprägen. Wenn Sie also grammatisch falsche Konstruktionen hören, sollten Sie Ihr Kind vorsichtig korrigieren. Seien Sie darin konsequent und beharrlich.

Korrekte Sprachbeherrschung dient dem Kind als Visitenkarten, nicht nur in der Schule, sondern im ganzen Leben. Viele Menschen werden bei Beförderungen übergangen, weil sie sich in ihrer Bewerbung sprachlich nicht richtig ausdrücken konnten (auch wenn dieser Grund in keinem Ablehnungsbescheid auftaucht). Vielen Kindern passiert es, daß sie als intellektuell minderbemittelt eingestuft oder der „Unterschicht" zugerechnet werden, nur weil sie zum Beispiel „mir" und „mich" verwechseln. Lassen Sie Ihr Kind wegen solcher Fehler nicht ins Hintertreffen geraten!

Vielleicht wird Ihr Kind fluchen und schlechte Ausdrücke in den Mund nehmen. Von Gleichaltrigen oder durch häufiges Fernsehen schnappen Kinder Wörter auf, die nach dem Willen der Eltern nicht in ihrem Wortschatz vorkommen sollten. Zunächst sollten Sie dies nicht überbewerten! Kinder haben ihren Spaß daran, den Klang bestimmter Wörter auszuprobieren. Wörter sind für Kinder zunächst einmal neutrale Klangfolgen, auch wenn es sich inhaltlich um Flüche oder um „echt coole" Begriffe aus der Jugendsprache handelt. Manche Ausdrücke werden auch in abwertender oder rassistischer Absicht gebraucht. Hier haben Eltern dann die Verantwortung, einzugreifen und dem Kind klarzumachen: „Bei uns sagt man so etwas nicht" – möglichst mit der Begründung, *warum* Sie dieses Wort ablehnen. Denn würden Sie schweigen, könnte Ihr Kind folgern, es handle sich um ein allgemein übliches Wort.

Ein Kind mit gutem sprachlichen Ausdruck traut sich zu, auf sozial angemessene Weise mit anderen Menschen zu reden und wird sich besser in die Gesellschaft einfügen als ein Kind, das sich schlecht ausdrückt.

Insofern trägt auch die Sprachbeherrschung eines Kindes zu seiner Selbstachtung bei, und Sie sollten das, was an Ihnen liegt, tun, um diesen Aspekt seines Wertgefühls zu fördern.

14

„Man nehme ...“ – Rezepte und Gebrauchsanweisungen

Das Selbstvertrauen eines Kindes hängt sehr stark davon ab, inwieweit es sich in bestimmten Situationen – beim Lösen von schwierigen Problemen und Aufgaben und insbesondere in einer Notsituation – zu helfen weiß.

Wie vermitteln Sie dem Kind, wie es sich verhalten soll? Erstens sollten Sie sich eingestehen, daß Sie Ihrem Kind nicht jede Reaktion auf alle möglichen Situationen oder Umstände selbst beibringen können. Was Sie ihm aber beibringen können, ist, wo und wie es sich Antworten auf seine Fragen verschaffen kann.

Wenn ich einem Kind helfen will, sich in unbekannten Situationen zurechtzufinden, zeige ich ihm am besten, wie es eine Gebrauchsanweisung suchen, sie lesen, verstehen und befolgen kann.

Eine Weile klebte an unserer Kühlschranktür ein kleiner Zettel, auf dem geschrieben stand: „Wenn nichts mehr klappt und nichts mehr geht, dann mußt du wissen, wo es steht!“ Mit anderen Worten: „Vor Inbetriebnahme des Geräts bitte Gebrauchsanweisung studieren!“

Leider vergessen auch wir Erwachsenen viel zu oft, vor Beginn eines Vorhabens die Gebrauchsanleitung zu lesen. Wir werkeln und fummeln herum – und wundern uns dann, wenn am Ende vier Schräubchen übrigbleiben oder es beim Einschalten des Geräts so merkwürdig scheppert.

Denken Sie immer daran: Bis zu neunzig Prozent der täglichen Bastelprobleme, vor die uns das Leben stellt, lassen sich mit Hilfe des richtigen Handbuchs und der zugehörigen Gebrauchsanleitung mühelos bewältigen. Das gilt für den Kratzer im Möbelstück bis zur

Zündkerze und zum Vergaser. Zwei „linke Hände" gibt es nicht. Wenn Sie lesen können, können Sie auch basteln und reparieren!

Folgende zwei Schlüsselfragen muß Ihr Kind bedenken, wenn es ein Problem lösen will: Erstens „Was muß ich eigentlich wissen?" und zweitens „Wo kann ich es nachschlagen?"

Am wirksamsten lernt Ihr Kind den Umgang mit Anleitungen, wenn es merkt, daß auch Sie selbst sich diese Fragen stellen, und wenn es zuschauen darf, wie Sie in einer Gebrauchsanleitung nachschlagen.

Lassen Sie das Kind auch dabei helfen, etwas zusammenzubauen, defekte Teile im Haus zu reparieren oder sonst irgendein Problem zu lösen. Zeigen Sie Ihrem Sohn oder Ihrer Tochter, wie man eine Gebrauchsanleitung handhabt (Inhaltsverzeichnis, Register) und was Zeichnungen und Tabellen mit dem Gegenstand zu tun haben. Erklären Sie Ihrem Kind, wie wichtig es ist, den ersten vor dem zweiten Schritt zu tun. Fragen Sie immer wieder: „Was würdest du als nächstes tun?" oder: „Kannst du mir bitte den nächsten Schritt vorlesen?" Vermitteln Sie dem Kind handgreifliche Erfahrungen beim Zusammenbau des Kinderbettes oder der Modelleisenbahn. Fordern Sie es auf, die Anleitung durchzulesen, bevor es die neuen Batterien in den Cassettenrecorder legt.

Halten Sie die Kinder an, auch selbst etwas zu machen, wofür sie eine Gebrauchsanleitung benötigen. Beispiele:

- Wenn man einen Kuchen backt, braucht man ein Rezept (eine besondere Form der Gebrauchsanweisung).
- Wenn man ein Kleid näht, braucht man ein Schnittmuster (was ebenfalls nichts anderes ist als eine Reihe von Anleitungen).
- Wenn man ein Modellflugzeug baut, muß man sich Schritt für Schritt an die Bastelanleitung halten.

Wenn ein Kind damit aufwächst, Anleitungen zu lesen, und oft dabei hilft, Gegenstände zusammenzubauen oder zu reparieren, hat es zwei ganz wichtige Dinge gelernt: Erstens die Erkenntnis, daß die meisten defekten Gegenstände wieder repariert werden können. Dies ist für seine spätere Konfliktbewältigung enorm wichtig, denn das Kind wird die Erkenntnis wahrscheinlich vom materiellen auf den immateriellen Bereich übertragen (Krankheit, Eheprobleme, Schwierigkeiten am Arbeitsplatz und so weiter). Zweitens lernt das

Kind, daß das Leben auch in anderen Bereichen nach einem logischen Muster, sozusagen „nach Plan" verläuft und es nichts nützt, die Hände in den Schoß zu legen und auf ein Wunder zu warten.

Ein Kind, das davon überzeugt ist, etwas „Kaputtes" reparieren zu können, ist ein Kind mit Selbstvertrauen. Zeigen Sie Ihrem Kind, wie und wo man was nachschlägt, und Sie stärken sein Selbstwertgefühl.

15

„Bis hierher und nicht weiter!“ – Vorschriften und Regeln

Eltern haben von Gott und vom Staat die Autorität verliehen bekommen, Grundsätze und Regeln aufzustellen, an die das Kind sich halten muß. Eltern tragen außerdem Verantwortung dafür, daß ihre Vorschriften dem Kind nützen und nicht schaden.

Autorität und Verantwortung gehen Hand in Hand. Solange Sie für Ihr Kind verantwortlich sind (vor dem Gesetz, aber auch in geistlicher, finanzieller, physischer und moralischer Hinsicht), haben Sie elterliche Autorität. Mit anderen Worten: Solange Ihr Kind noch nicht selbständig ist, haben Sie die Verantwortung, darauf zu achten, daß es gut auf seine Sachen achtgibt, nett mit seinen Geschwistern umgeht und seine Aufgaben auf das beschränkt, was Sie für angemessen halten.

Solange Sie gesetzlich verantwortlich für Ihr Kind sind, tragen Sie auch die Verantwortung dafür, daß es die Gesetze befolgt und seine Vorgesetzten respektiert.

Kinder haben Regeln dringend nötig, auch wenn sie dies niemals zugeben würden. Warum? Weil Regeln sowohl Freiheit als auch Sicherheit bedeuten.

Daß Vorschriften einen Freiraum schaffen, ist Ihnen vielleicht nicht unmittelbar einsichtig. Doch Regeln setzen die Grenzen, innerhalb derer Freiheit erfahren werden kann. Nehmen Sie zum Beispiel den Vater, der zu seinem kleinen Jungen sagt: „Du darfst mit dem Fahrrad auf dem ganzen Gehweg fahren. Du darfst aber nicht auf der Straße oder über den Rasen fahren!“ Oder: „Du darfst überall auf dem Hof spielen, aber den Hof nicht verlassen!“ Solche Angebote kann ein Kind leicht verstehen, und es kann innerhalb dieser Regeln schöpferisch tätig werden, Erkundungen machen und sich in einem „angstfreien Raum“ gefahrlos bewegen.

Regeln sind allerdings nur dann sinnvoll, wenn ihr Übertreten auch Konsequenzen nach sich zieht. „Wenn du aus dem Hof hinausläufst, muß ich dich bestrafen.“

Regeln schaffen dem Kind einen Bereich, in dem es in aller Sicherheit etwas Neues ausprobieren kann. „Du kannst mit der Knetmasse machen, was du willst, aber bitte nur auf dem Tisch!“

Regeln sind auch dazu da, im mitmenschlichen Bereich Grenzen zu ziehen. „Martin, ich möchte nicht, daß du mit deiner Mutter in einem solchen Ton sprichst.“

Regeln haben aber auch eine einschränkende Wirkung. „Du mußt dein Bett noch machen!“ besagt unausgesprochen, daß die Mutter vom Kind nicht erwartet, daß es alle Betten macht oder gar im ganzen Haus aufräumt.

Zeigen Sie Ihrem Kind auch, daß es sich innerhalb der Familie an bestimmte Spielregeln halten muß. Beschreiben Sie Ihre Erwartungen so genau wie möglich, setzen Sie Grenzen, und wiederholen Sie die Regeln bei Bedarf.

Achten Sie darauf, daß Ihre Kinder die Regeln verstehen, und setzen Sie sie dann auch durch. Achten Sie darauf, daß nicht an einem Tag erlaubt ist, was an einem anderen verboten ist; daß es gerecht zugeht (das heißt die Regeln für alle Kinder gleichermaßen gelten) und daß derjenige, der seine Grenzen willentlich und wissentlich überschreitet, auch die Konsequenzen ziehen muß, also bestraft wird.

Dabei ist es ganz wichtig, daß die Kinder erfahren, warum sie bestraft werden. Nennen Sie die Regel, die übertreten wurde, oder, noch besser: Fragen Sie das Kind, warum es seiner Meinung nach bestraft wird.

Ein Kind, das seine Grenzen kennt und erfährt, daß sie konsequent und beständig durchgesetzt werden, weiß, daß es seinen Eltern nicht gleichgültig ist. Und ein Kind, das ein solches Wissen im Herzen trägt, ist ein Kind mit einem gesunden Selbstwertgefühl.

16

Im Falle eines Falles – Erste Hilfe für Kinder

Zum Selbstvertrauen eines Kindes gehört auch, daß es weiß, wie es sich in bestimmten Situationen – besonders in Notfällen – zu verhalten hat. Daß andererseits Notfälle nur dann gemeistert werden können, wenn bereits ein gewisses Maß an Selbstvertrauen vorhanden ist, ist auch klar. Nichts ist in einer solchen Situation unangebrachter als Panik oder unüberlegtes, kopfloses Handeln.

Am besten wäre es, wenn Sie mit der ganzen Familie an einem Erste-Hilfe-Kurs teilnehmen. Das Deutsche Rote Kreuz oder ähnliche Organisationen bieten solche Kurse regelmäßig an. Sicher hat auch Ihre Volkshochschule etwas ähnliches auf dem Programm. Zumindest sollten die Eltern an solchen Kursen teilnehmen und sich ein aktuelles Erste-Hilfe-Handbuch besorgen, damit sie ihren Kindern die Informationen und wichtigsten Handreichungen weitergeben können.

Zeigen Sie Ihren Kindern, wie man im Notfall „112" oder „110" (beziehungsweise die für Ihr Land geltenden Notrufnummern) wählt. Üben Sie diese Nummer immer wieder. Üben Sie mit Ihren Kindern auch, was sie in einer Notsituation sagen sollen. In den entsprechenden Kursen lernt man, daß es auf „die 4 W's" ganz entscheidend ankommt:

1.) *Wo* ist der Unfall passiert? (Die Adresse ist für die Helfer die allerwichtigste Information!)
2.) *Was* ist passiert?
3.) *Wie viele* Personen sind verletzt?
4.) *Wer* spricht? (Name des Kindes)

Bitte üben Sie dies immer wieder und so lange, bis Sie sicher sind, daß Ihre Kinder genau wissen, was bei Gefahr zu tun ist.

Üben Sie auch regelmäßig Feueralarm. Zeigen Sie dem Kind, wo sich der Feuerlöscher befindet und wie er zu bedienen ist. Erklären Sie ihm, daß zuallererst schlafende Personen zu wecken sind, daß nicht unnötig Türen und Fenster geöffnet werden dürfen, und daß das Haus auf dem schnellsten Wege zu verlassen ist. Warnen Sie die Kinder davor, in ein brennendes Haus zurückzukehren, aus welchen Gründen auch immer.

Erklären Sie dem Kind frühzeitig, was dieses Zeichen bedeutet:

Weisen Sie es nachdrücklich darauf hin, daß man auf gar keinen Fall etwas berühren, in den Mund nehmen oder verschlucken darf, das auf seiner Verpackung dieses Zeichen trägt. Flaschen, die dieses Warnzeichen tragen, dürfen nicht geöffnet werden, und Ihr Kind darf auch (wegen eventuell giftiger Gase) nicht an der Flüssigkeit riechen.

Fordern Sie Ihr Kind auf, Ihnen sofort Bescheid zu sagen, wenn irgend etwas nicht stimmt oder wenn sich jemand in Gefahr befindet, zum Beispiel weil sich eine Steckdose aus der Verankerung gelöst hat, oder Sachen, die in den Medizinschrank gehören, irgendwo offen herumliegen.

„Laß alles, wie es ist; faß nichts an; komm lieber gleich und sag Bescheid!" ist eine gute Devise, die man sicher schon Zweijährigen beibringen kann.

Wenn Sie Ihr Kind in Erster Hilfe und Unfallverhütung unterweisen, sagen Sie ihm damit: „Ich habe dich lieb, und deshalb möchte ich, daß du am Leben bleibst! Mir ist deine Sicherheit und Gesundheit wichtig – ja, dein ganzes Leben.“ Eine solche Haltung fördert das Selbstvertrauen und Wertgefühl des Kindes.

Ein Kind, das weiß, was es im Notfall zu tun hat, ist ein Kind mit Zuversicht und Selbstachtung – und in diesem Falle kommt das Selbstvertrauen nicht nur dem Kind, sondern womöglich auch anderen Menschen zugute.

17

„Wieso, warum, weshalb?“ – Fragen erwünscht

Ermutigen Sie Ihr Kind, Fragen zu stellen. Damit vermitteln Sie ihm: „Ich will, daß du etwas weißt und daß dein Wissen ständig zunimmt.“ Wenn Ihr Kind Sie etwas fragt, sollten Sie ihm grundsätzlich eine Antwort geben. Es wird daraus folgern: „Mama und Papa halten mich für wertvoll genug, um mir etwas beizubringen und mit mir zusammen zu lernen.“ Wenn ein Kind seinen Wert in dieser Weise erkennt, wächst auch sein Selbstvertrauen.

Es liegt auf der Hand, daß Sie nicht auf alle kindlichen Fragen eine Antwort wissen. Geben Sie das ehrlich zu. Lassen Sie Ihr Kind nicht in dem Glauben aufwachsen, Sie wüßten alles und könnten ohne Hilfe jedes Problem lösen.

Wenn Sie keine Antwort wissen, sollten Sie sich überlegen, wo man sie sich beschaffen könnte. Schauen Sie im Atlas oder auf dem Globus nach, wo eine unbekannte Stadt liegt, und legen Sie sich, sofern es Ihre Finanzen erlauben, auch ein kindgerechtes Lexikon zu.

Neulich lernte ich eine Familie mit knappem Einkommen kennen, die für solche Anschaffungen kein Geld hat. Doch wenn ihr Kind die Eltern etwas fragte, was sie nicht wußten, schrieben sie es auf. Einmal in der Woche nahm die Mutter ihre Kinder mit dieser Liste mit in die Bibliothek und forschte dort mit Hilfe einer freundlichen Bibliothekarin so lange nach, bis alle wußten, was sie wissen wollten.

Antworten Sie so ehrlich wie möglich auf die Fragen der Kinder. „Ich weiß es nicht“ kann die ehrlichste Antwort auf eine der vielen „W-Fragen“ sein (warum, wie, wann, wo, wer ...). Leider sagen auch manche Eltern „Ich weiß es nicht“, wenn sie das Gespräch abbrechen wollen. Tun Sie das bitte nicht. Wenn Sie wirklich etwas Wichtiges zu tun haben, können Sie ohne weiteres sagen: „Timmi, im Augenblick versuche ich, mich auf etwas anderes zu konzentrieren. Stell mir die Frage doch ein anderes Mal, ja?“

Achten Sie darauf, daß Ihre Antworten möglichst vollständig sind. Geben Sie Ihrem Kind jedoch nicht mehr Informationen, als es braucht. Fragen Sie es in freundlichem Ton: „Wie kommst du auf diese Frage?“ Antworten Sie erst, wenn Ihnen der Zusammenhang, in dem das Kind die Frage stellt, klar ist.

Vermitteln Sie dem Kind auch nicht mehr Einzelheiten, als es wissen muß, und antworten Sie immer so, daß es Ihrem Kind nützt.

Kinder lernen beständig Neues, indem sie Fragen stellen und Antworten auf ihre Fragen bekommen. Und sie vergrößern dadurch nicht nur ihr Wissen, sondern lernen darüber hinaus, daß Sie als Eltern bereit sind, auf Fragen einzugehen und damit das Kind wichtig nehmen. Und ein Kind, das seine Fragen und damit sich selber für wichtig genommen hält, ist ein Kind, das ein gesundes Selbstwertgefühl entwickeln wird.

18

Versprochen ist versprochen!

Daß Sie als Erwachsener ein einmal gegebenes Versprechen auch halten, ist für Ihr Kind von großer Bedeutung. Es wird aus dieser Tatsache intuitiv folgern, daß Sie ein ehrlicher Mensch sind, der grundsätzlich die Wahrheit sagt.

Ein Kind kann nicht immer begreifen, daß hinter einem gehaltenen Versprechen ein Opfer an Zeit und Geld steht, daß es einer besonderen Anstrengung und vielleicht sogar besonderer Fähigkeiten bedarf. Welches Kind kann sich unter Zeit, Geld oder Terminen schon etwas Konkretes vorstellen?

Das Selbstwertgefühl des Kindes und sein Vertrauen in die Mitmenschen sind letzten Endes nur so gut wie die „Liebe zur Wahrheit“, die es in seiner Umwelt entdeckt. Kinder brauchen Fakten, klare Antworten, ehrliche Aussagen über die Gefühle der Erwachsenen und feste Grenzen für ihr Verhalten. Das Kind muß zwischen Lüge und Wahrheit unterscheiden können, wenn es im Alltagsleben unter einer Vielzahl von Alternativen auswählen und den Unterschied zwischen Realität und Träumerei erkennen soll. Um das Wahre und Reale erkennen zu können, braucht ein Kind allgemeingültige, konkrete und wahrhaftige Aussagen.

Ein gehaltenes Versprechen ist für das Kind ein Beispiel für Wahrhaftigkeit. Das gehaltene Versprechen zeigt ihm: „Papa hat es gesagt, und er hat es getan. Versprochen ist versprochen! Was er mir sagt, stimmt.“ Oder: „Mama hat mir versprochen, daß wir ins Kino gehen, und wir sind ins Kino gegangen. Also kann ich Mama auch vertrauen, wenn sie mir etwas anderes verspricht. Was sie sagt, das hält sie.“

Ein gehaltenes Versprechen ist ein Beweis Ihrer Liebe und Fürsorge. Ein Kind wird das, was ihm versprochen wurde, grundsätzlich für ein Geschenk halten. „Ich verspreche dir, daß wir am Samstag in den Zoo gehen", sagt beispielsweise ein Vater. Wenn er dann mit seinem Kind zusammen hingeht, schenkt er ihm seine Zeit und seine Liebe. Ein Kind würde dies zwar nicht so ausdrücken, wohl aber so empfinden. Ein Versprechen hat für ein Kind immer den Charakter einer „guten Gabe", die ihm jemand schenkt.

Wer sein Versprechen hält, sagt damit dem Kind: „Ich schätze unsere Beziehung hoch ein. Ich habe dich so lieb, daß ich mir Mühe geben werde, das zu tun, was ich dir versprochen habe."

Und wenn man ein Versprechen einmal nicht halten kann?

Man kann es gar nicht deutlich genug sagen: Ein gebrochenes Versprechen wird von einem Kind als Lüge bewertet, schlimmer noch: als ein Beweis verweigerter Liebe!

„Aber manchmal kann ich ein Versprechen einfach nicht halten!" mögen Sie vielleicht einwenden. Wenn dem so ist, sollten Sie zumindest Ihrem Kind versichern, daß es Ihnen leid tut, wenn Sie es enttäuscht haben. Erfinden Sie keine Ausrede! Tun Sie vor allem nicht so, als sei das Versprechen gar nichts Wichtiges gewesen. Bitten Sie statt dessen Ihr Kind aufrichtig, Ihnen zu verzeihen, daß Sie ein gegebenes Versprechen nicht gehalten haben.

Ein Kind wird in Ausnahmefällen ein nicht wahrgemachtes Versprechen verstehen und vergeben. Wenn Wortbruch bei Ihnen aber an der Tagesordnung ist, wird Ihr Kind dafür – mit Recht – kein Verständnis haben.

Versprechen sollten sich sinnvollerweise auf die unmittelbare Umgebung und Umwelt beschränken: auf Orte, zu denen man hingeht, auf Ausflüge, die man zusammen unternehmen will, oder auf schon lange im voraus geplante gemeinsame Erlebnisse.

Ein solches Versprechen kann ein Kind leicht verstehen. Es hat dann etwas, worauf es sich freuen kann und wird es Ihnen hoch anrechnen, wenn Sie Wort halten.

Versprechen Sie Ihrem Kind niemals, daß Sie ein bestimmtes Fehlverhalten ändern werden, etwa: „Mein Schatz, ich verspreche dir, daß ich aufhören werde zu trinken." Oder: „Das war bestimmt die letzte Zigarette meines Lebens!" Lassen Sie Ihren eventuellen

Mangel an Charakterstärke oder Selbstbeherrschung von vorneherein aus dem Spiel, und machen Sie die Sache nicht noch schlimmer, indem Sie ihn als Ausgangspunkt für eine Lüge nehmen!

Als Faustregel sollten Sie sich merken: Wenn Sie nicht vorhaben, sich hundertprozentig dafür einzusetzen, das gegebene Versprechen einzulösen, dann geben Sie es nicht. Lieber nichts versprechen, als das Versprochene nicht zu halten. Sollten Sie erst nach einem gegebenen Versprechen merken, daß Sie es nicht halten können, ist es ganz wichtig, daß Sie dem Kind rechtzeitig Bescheid sagen und, falls möglich, eine Alternative anbieten.

Eingehaltene Versprechen stellen ein Kind auf sicheren Boden. Es wächst auf mit einem Verständnis dafür, was es glauben und wem es sich anvertrauen kann. Das eigene Wertgefühl wird bestärkt. Gebrochene Versprechen aber wirken sich auf die Selbstachtung und das Selbstvertrauen eines Kindes äußerst negativ aus. Alle Eltern machen Fehler. Aber machen Sie lieber den Fehler, Ihrem Kind nur selten oder nie etwas zu versprechen, als ständig etwas zu versprechen, was Sie nicht halten können.

Das Selbstwertgefühl Ihres Kindes wird es Ihnen danken!

19

„Oef à la maison“ – auch Kinder können kochen

Welche Fähigkeit kann Ihrem Kind ein ganzes Leben lang nützlich, ja sogar unentbehrlich sein? Es ist nicht die Fähigkeit, beim Fußballspielen viele Tore zu schießen. Auch nicht die Begabung, in der Schule zu den Besten zu gehören und dauernd Einsen nach Hause zu bringen.

Es ist weder die Fähigkeit, eine fremde Sprache zu sprechen noch der gute Geschmack, mit dem es im Geschäft die zum Kleid passenden Accessoires aussucht.

Schon mit einigen einfachen Kochkünsten nimmt das Selbstvertrauen eines Kindes zu. Es gewinnt an Sicherheit und verschafft sich ein gewisses Maß an Unabhängigkeit.

Was muß ein Kind im einzelnen wissen?

In unserer Zeit wird einem das Kochen recht leicht gemacht. Ein Kind muß eigentlich nur wissen,

- wie man eine Dose öffnet und den Inhalt in einem Topf auf dem Herd erhitzt
- wie man Eier kocht, in Folie eingeschweißte Mahlzeiten im Wasserbad erhitzt und tiefgefrorenes Gemüse zubereitet
- wie man ein Fertiggericht in der Mikrowelle zubereitet (aber bitte keine Eier!)
- wie man mit Meßbechern und Löffeln Mengen abmißt
- wie man ein Rezept liest
- wie man den Herd bedient (besonders die Temperaturregelung)
- wie man Mixer und Toaster bedient
- wie man bei Obst, Gemüse und Fleisch Qualität und Frische feststellt

- wie man Geschirr spült, den Tisch deckt und Gemüse und Obst putzt und schält.

Die meisten dieser Fertigkeiten lernt das Kind am besten, wenn es Gelegenheit hat, Ihnen zuzusehen und vom Einkauf bis zum Kochen mitzumachen.

Nehmen Sie es hin, wenn Ihr Kind zu Anfang ein Chaos veranstaltet, wenn es ein oder zwei Eier fallen läßt und Mehl auf den Küchenboden stäubt.

Fangen Sie mit einfachen Aufgaben an. Später, wenn Ihr Kind sich mit den Küchengeräten vertraut gemacht hat, können Sie ihm anspruchsvollere Tätigkeiten anvertrauen. Für einen Jugendlichen hat es seinen Reiz, ein oder mehrere „Spezialrezepte“ zu entwerfen, die ganz auf sein Konto gehen. Ich kenne einen Vater, der seinen Sohn das lehrte, was er für die drei wichtigsten Haushaltstätigkeiten hielt: wie man seine Kleidung wäscht, wie man ein Hemd bügelt und wie man „Chili con Carne“ kocht. Gönnen Sie Ihrem heranwachsenden Kind von Zeit zu Zeit das stolze Gefühl, ein ganzes Menü zustandegebracht zu haben.

Schon ein kleines Kind kann dabei helfen, den Tisch zu decken, Geschirr zu spülen und mit einer Bürste Gemüse zu putzen.

Das Selbstvertrauen eines Kindes beruht auch auf der Erkenntnis, daß es über bestimmte Fähigkeiten verfügt und auf schwierige Situationen angemessen reagieren kann. Insofern können Sie Ihrem Kind auch in der Küche Selbstvertrauen vermitteln, denn ein Kind, das sich selbst eine Mahlzeit zubereiten kann, ist ein Kind mit einem ausgeprägten Selbstwertgefühl.

20

„Einsame Spitze!“ – Von der Macht des Lobes

Ein Riesenfortschritt in der Entwicklung der Selbstachtung eines Kindes ist dann erreicht, wenn es in der Lage ist, spontan und großzügig andere Kinder mit einem Kompliment, einer Anerkennung oder einem Lob zu bedenken.

Mit einem solchen Verhalten verkündet das Kind - vielleicht mehr als mit jeder anderen Verhaltensweise - seiner Umwelt: „Ich erkenne meinen eigenen Wert, und ich habe keine Angst davor, daß dieser Wert durch ein Kompliment für jemand anders gemindert werden könnte.“

Wenn das Kind erst einmal weiß, daß das Austeilen von Lob und Anerkennung seinem Wert keinen Abbruch tut, kann es auch anderen Kindern Beachtung schenken und ihnen den Vortritt lassen.

Solche spontanen Äußerungen kann man seinem Kind allerdings nicht vorschreiben. Man kann jedoch das Kind seinerseits dafür loben, wenn es andere lobt und durch diese „positive Verstärkung“ das gewünschte Verhalten fördern.

Versuchen Sie doch einmal, Ihr Kind dazu anzuhalten, Ihnen von lobenswerten Äußerungen oder Taten anderer Kinder zu berichten – wie es zum Beispiel Hilary, eine meiner Freundinnen, mit ihrem Sohn Jimmy macht: „Dein Tor war wirklich super! Der Torwart hatte keine Chance! – Wie fandest du eigentlich die anderen Spieler?“

Man beachte, daß Hilary ihre Frage mit einem Kompliment für Jimmy einleitete und damit das Vorbild prägte, dem ihr Sohn folgen sollte.

Jimmy antwortete daraufhin: „Also, Kerry, unser Torwart, war einsame Spitze! Daß er den Elfmeter gehalten hat, hätte ich nicht gedacht!"

„Und wie fandest du den langen Paß von Ted?"

„Absolut phantastisch! Ted hat die ganze Vorarbeit geleistet. Sam holte sich den Ball, spielte ihn zu Ted, der schickt ihn rüber zu mir, kurzes Dribbeln, und ab die Post zum 1:0!"

Hilary ließ nicht locker: „Wenn wir nächstes Mal Teds Mutter treffen, dann sag ihr doch, wie du den Paß fandest. Mach daraus keine große Geschichte. Sag einfach: ‚Ich bin wirklich froh, daß Ted in meiner Mannschaft spielt. Er spielt die besten Pässe.' Ich bin mir sicher, daß sich Teds Mutter riesig darüber freuen würde!"

Haben Sie bemerkt, wie die Mutter ihren Sohn anregte, etwas Bestimmtes zu sagen, ohne von ihm zu verlangen, sich die Worte selber auszudenken? Eine sehr empfehlenswerte Methode, wie ich finde!

Als ein paar Tage später Hilary und Jimmy Teds Mutter trafen, meldete sich Jimmy zu Wort: „Ich bin echt froh, daß Ted in meiner Mannschaft ist. Er spielt so tolle Pässe!"

Teds Mutter erwiderte: „Na sowas! Danke, Jimmy! Ich werd's Ted ausrichten. Daß es von dir kommt, zählt ganz besonders; du bist ja schließlich der Torschützenkönig." Jimmy strahlte.

Nach diesem „indirekten Kompliment" wird es nun nicht mehr lange dauern, bis Jimmy sich ein direktes Lob zutraut. Irgendwann einmal wird er Ted nach einem Spiel – vielleicht sogar vor versammelter Mannschaft – sagen: „Toller Paß, Ted. Das Tor geht eigentlich auf dein Konto!"

Vermeiden Sie jeglichen Zusammenhang zwischen Lob und Belohnung, also versprechen Sie Ihrem Kind niemals eine Belohnung, wenn es jemanden lobt. Komplimente sollten grundsätzlich nicht durch eine Manipulation erwirkt werden. Wenn Sie als Mutter beispielsweise Ihrem Kind sagen: „Sag Papa, wie lecker sein Essen war, dann läßt er dich vielleicht heute abend zum Kegeln mitkommen", ist ein solches Lob nur noch halb so viel wert. Ein Kompliment muß seinen Wert immer in sich tragen, und letztlich ist es nicht nur schön für den Menschen, der es bekommt, sondern auch für den, der es gibt.

Man sollte ein Kompliment zu schätzen wissen und es nicht abwerten. Viele Menschen wissen nicht, wie man ein Lob dankbar annimmt. Lassen Sie nicht zu, daß Ihr Kind sagt: „Ach, das war doch nichts Besonderes." Lehren Sie Ihr Kind zu sagen: „Danke. Ich freue mich, daß es dir gefallen hat", oder „Danke, es hat mir gut getan, das zu hören (oder, wie man heute so schön sagt: „Das ging ja runter wie Öl!").

Ermutigen Sie Ihr Kind, andere zu loben, indem Sie selbst großzügig anderen Erwachsenen Komplimente machen. Seien Sie ein Vorbild für das, was Ihr Kind nachahmen soll. Suchen Sie im Alltag die vielen kleinen Gelegenheiten, Ihre Bekannten und Freunde durch ein Lob zu ermutigen. Die freudige Reaktion dieser Menschen wird Ihrem Kind sicher nicht entgehen!

Wenn Sie Ihrem Kind zeigen, daß Sie es schätzen, wird es sich in dem Maße, wie es Lob erfährt, für wertvoll und geachtet halten. Und wenn es das Lob dann an andere weitergibt, stärkt es nicht nur sein eigenes Wertgefühl, sondern auch das seiner Freunde und Bekannten.

21

„Im Verein ist Sport am schönsten!“ – Ihr Kind im Team

Machen Sie es Ihrem Kind schmackhaft, einem Team anzugehören. Im Laufe der Kindheit wird es ihm sehr zugute kommen, zu einer Gruppe oder Mannschaft zu gehören.

Eine gute Möglichkeit bieten zum Beispiel die Mannschaftssportarten: Fußball, Volleyball, Völkerball (was auch kleinere Kinder spielen können) oder Basketball – obwohl diese Sportart schon ziemlich anspruchsvolle Techniken voraussetzt und wahrscheinlich besser für ältere Kinder und Jugendliche geeignet ist. Eine tolle Sportart gerade für die oft „pferdeverrückten“ Mädchen ist das Voltigieren (Turnen auf dem Pferd). In spielerischer Art und Weise lernen die Kinder dabei Teamgeist, körperliche Geschicklichkeit und Achtung vor dem Tier als Mitgeschöpf.

Auch Tennis, Golf, Schwimmen, Leichtathletik und Gymnastik bieten im Verein die Möglichkeit zum individuellen Wettbewerb. Gleichzeitig vermitteln sie Teamgeist und eine Art Gruppenidentität, sozusagen ein „Wir-Gefühl“. Die Wahl könnte natürlich auch auf eine Mannschaftsteilnahme im weniger sportlichen Bereich fallen, zum Beispiel das Schachspielen im Verein.

Welche Vorteile hat es nun im einzelnen, wenn Ihr Kind einem Team angehört?

- *Als Mitglied eines Teams hat es mit einem Trainer zu tun, also nicht mehr nur mit den Eltern.* Das Kind lernt, auf Anweisungen einzugehen, und muß sich mit den Forderungen eines Erwachsenen auseinandersetzen, der weder Vater oder Mutter noch Lehrer ist. Diese neue Erfahrung wird es herausfordern und ihm guttun.
- *Als Mitglied eines Teams nimmt Ihr Kind an einer zielgerichte-*

ten Aktivität teil. Die meisten schulischen und familiären Tätigkeiten bieten keine solch klaren, kurzfristigen Ziele. In Wettbewerben jedoch geht es in erster Linie um den Sieg. In Mannschaften, die weniger auf Wettbewerb ausgerichtet sind (Schwimmverein und ähnliches), geht es zumindest um erfolgreiches Abschneiden, zum Beispiel in einer Liga.

- *Als Mitglied eines Teams lernt Ihr Kind Teamgeist.* Es wird ihm vermittelt, wie man sich kameradschaftlich und sportlich verhält, wie man sich in eine Gruppe einfügt und ihr zugehörig fühlt und last, but not least, wie man mit Anstand verliert, ohne gleich „zu Tode betrübt" zu sein.
- *Als Mitglied einer Mannschaft lernt Ihr Kind, daß seine Leistung von der Tagesform abhängig ist und daß die Niederlage in einem Spiel nur selten bedeutet, daß die ganze Spielsaison verloren ist.* Das Kind erfährt dabei, daß zu einem guten Mannschaftsauftritt ein komplexes Zusammenspiel von individuellen Aufgaben, Rollenverteilungen und Leistungen gehört, eine Erkenntnis, die für das Zurechtkommen in der komplizierten Erwachsenenwelt ganz wichtig ist.

Wettbewerbe in Gruppen vermitteln meist einen größeren und positiveren Erfahrungsschatz als der individuelle Wettbewerb. Siege und Niederlagen werden gemeinsam verarbeitet, wobei langfristig der Wert des Sports für ein Kind noch eher in der Erfahrung einer Niederlage liegt, als in der Freude über einen Sieg. Denn „mit Würde verlieren können" ist eine der wertvollsten Erfahrungen überhaupt.

Neben solch wettbewerbsorientierten Sportarten gibt es noch viele andere Gruppenaktivitäten, die Ihrem Kind Teamgeist und Selbstdisziplin abfordern, so zum Beispiel das gemeinsame Musizieren, das Spielen eines Instruments im Orchester oder das Singen im Chor. Alle genannten Beispiele setzen eine Gruppenleistung voraus, also ein Zusammenwirken von Einzelleistungen und ein Hinarbeiten auf ein gemeinsames Ziel.

Auch die Pfadfinder, der CVJM oder ähnliche Organisationen bieten manchen Vorteil, denn hier wird besonders der Abenteuergeist angesprochen, wiederum verbunden mit der Mitgliedschaft in einem Team.

Wie nun soll man entscheiden, welche Gruppe für das Kind die richtige ist?

Reden Sie mit Ihrem Kind darüber. Es hat ein Recht darauf, mitzuentscheiden. Vielleicht haßt es ja Volleyball und spielt lieber Trompete. Dann wäre es doch jammerschade, wenn es in der Turnhalle versauern würde, statt im Schulorchester zu spielen!

Es gibt noch einen wichtigen Faktor, der unbedingt bedacht werden muß. Er betrifft die Wahl des Trainers. Ist der Sportlehrer ein Mensch, dem Sie Ihr Kind wirklich anvertrauen wollen? Ist er ein Perfektionist? Wird er schnell wütend? Oder ist es ein Trainer, der seinem Team in vorbildlicher Weise die Grundregeln der betreffenden Sportart vermittelt und sich für Fairneß, Teamwork und Kameradschaft einsetzt?

Gelegentlich kommt es vor, daß Kinder auf einmal keine Lust mehr auf den Sport haben. In einem solchen Fall sollten Sie unbedingt nach den Gründen fragen! Die meisten Kinder sind sehr gerne in einem Sportverein. Wenn sie die Mannschaft verlassen wollen, liegt dies selten daran, daß ein Kind keine Freude mehr am Spiel selbst hat. Oft will es aufhören, weil es zu sehr dem Druck von Eltern, Trainern oder dem eigenen Perfektionismus ausgesetzt ist. Machen Sie in einem solchen Fall Ihrem Sohn oder Ihrer Tochter klar, daß Leistung nicht alles im Leben ist.

Mannschaften vermitteln einem Kind eine Identität, die über seine Rolle in der Familie hinausreicht. Im Team ist Ihr Kind nicht mehr „das Nesthäkchen“ (oder „unsere Älteste“), sondern ein selbständiges, von allen geschätztes Mitglied der Mannschaft, sei es als Stürmer im Fußballverein, als Bassist im Orchester, als Drummer in der Band oder als Sopranistin im Chor. Und ein Kind, das eine solche Rolle mit Begeisterung ausfüllt, ist ein Kind mit einem gesunden Selbstwertgefühl!

22

„Warum, warum ist die Banane krumm?" – Kinderfragen

Sie wissen ja: Dumme Fragen gibt es nicht! Ihr Kind verschafft sich Wissen und Informationen am besten dadurch, daß es die richtigen Fragen stellt. Wie sonst sollte es die Antworten finden, die es benötigt?

Fragen zu stellen erfordert Unbekümmertheit, Mut und Selbstvertrauen. Zugespitzt formuliert: Je mehr Selbstachtung und Selbstvertrauen Ihr Kind besitzt, desto eher traut es sich zu fragen.

Die meisten Kinder stellen von Anfang an Fragen. „Warum?" ist wohl die beliebteste Kinderfrage überhaupt. Leider steckt dahinter häufig die Absicht, die Autorität der Eltern in Frage zu stellen, und gar nicht in erster Linie der Wunsch nach einer Information. Eltern wissen das. Traurigerweise verlieren viele Eltern die Geduld mit ihren „Warum-Kindern" und unterdrücken um ihrer Autorität willen das dauernde Fragen.

Eltern sollten darum unbedingt zwischen wirklichen Fragen und bloßen Autoritätskämpfen unterscheiden lernen. Bitte seien Sie – was Zeit, Aufmerksamkeit und Interesse angeht – großzügig, wenn Sie den Eindruck haben: Es liegt ein echtes Wissensbedürfnis vor.

Wie fördert man die richtige Art zu fragen? Am besten dadurch, daß Sie selbst viele Fragen stellen! Zum Beispiel, wenn Sie irgend etwas auf der Landkarte oder dem Stadtplan suchen, und sei es der Weg zum Einkaufsviertel: Fragen Sie Ihre Tochter: „Was meinst du, Rebecca; wie kommen wir am schnellsten hin?" Oder Sie haben einen Fahrradausflug gemacht. Dann könnten Sie Ihren Sohn fragen: „Na, Pascal, wie viele Kilometer haben wir heute wohl zurückgelegt?"

Wenn ich älteren Kindern und Jugendlichen Fragen stelle, dann bitte ich sie meistens, sich einmal vorzustellen, sie seien große Erfinder, berühmte Architekten oder Bauingenieure. Ich sage dann zum Beispiel: „Sieh dir mal dieses tolle Haus an, Verena. Was meinst du: Woran müßtest du denken, wenn du ein solches Haus bauen wolltest?" Was glauben Sie, wie die Kinder bei einer solchen Frage ins Erzählen kommen!

Kinderfragen zwingen Eltern dazu, genaue, konkrete Antworten zu geben oder zuzugeben, daß sie nicht alles wissen. Vielen Eltern geht das gegen den Strich. „Warum gibt es so viele Sterne?" ist sicher eine harte Nuß. Geben Sie Ihr Bestes, um dem Kind das mitzuteilen, was es eigentlich wissen möchte, und geben Sie freimütig zu, wenn Sie nicht alles wissen.

Je häufiger Ihr Kind fragt und je öfter es gute Antworten bekommt, desto eher traut es sich, auch weiterhin Fragen zu stellen. Vielleicht wird dieses Vertrauen dem Kind eines Tages das Leben retten, zum Beispiel wenn es die Frage stellt: „Wie kommt man am schnellsten zum Krankenhaus?" Vielleicht führt seine Wißbegierde auch dazu, daß es irgendwann einmal eine wichtige wissenschaftliche Entdeckung macht.

Lehren Sie Ihr Kind darum, viele Fragen zu stellen. Damit sagen Sie ihm: „Ich möchte, daß du im Leben Bescheid weißt. Ich schätze dich sehr, und ich freue mich, wenn aus dir ein intelligenter, wissensdurstiger und entdeckungsfreudiger Erwachsener wird. Ich lege Wert auf dein Recht auf Information, und ich werde versuchen, sie dir zu verschaffen."

Wer weiß, vielleicht wird Ihr Sohn oder Ihre Tochter dann später sogar den Mut besitzen, einem Erwachsenen, der kein Verständnis für „dumme Fragen" hat, zu antworten: „Dumme Fragen gibt es nicht, nur dumme Antworten!"

23

„Einer wird gewinnen!“ – Ihr Kind als „Star“

Jedes Kind hat das Zeug dazu, bei irgend etwas zu gewinnen, und Sie als Eltern sollten sich herausgefordert fühlen, dieses Etwas zu finden! Einiges muß dabei jedoch beachtet werden:

- *Rechnen Sie damit, daß Ihr Kind nicht alles kann, was Sie können.* Mein Vater zum Beispiel ist ein richtiger „Do it yourself“-Mensch. Es gibt so gut wie nichts, was er nicht auseinandernimmt, repariert und anschließend wieder zusammensetzt. Das Auseinandernehmen können mein Bruder und ich auch sehr gut; nur mit dem Wiederzusammensetzen hapert es. Papa kann das gar nicht verstehen, und wir können Papa gar nicht verstehen!
- *Rechnen Sie auch damit, daß Ihr Kind andere Vorlieben hat als Sie.* Larry, ein mir bekannter Familienvater, spielt für sein Leben gern Golf. Sein Sohn findet, daß es nichts Langweiligeres auf Erden gibt. Solche Unterschiede haben nicht unbedingt etwas mit der Auflehnung von Kindern gegen ihre Eltern zu tun. Vielleicht liegt es gar nicht daran, daß der Sohn seine „eigene Identität“ finden will, sondern nur daran, daß die Menschen einfach unterschiedlich sind, selbst wenn es sich um Vater und Sohn handelt.
- *Schließlich sollten Sie damit rechnen, daß Ihr Kind nicht den Beruf wählt, den Sie ihm zugedacht haben.* Stellen Sie sich darauf ein, daß es kein Arzt und kein Rechtsanwalt wird, kein Millionär wie Sie selbst, kein Präsident wie Ihr Freund, und daß es auch nicht den Gutshof Ihrer Frau übernehmen wird.

Eltern sind gut beraten, wenn sie ihren Kindern zum Erfolg in einem Beruf verhelfen, den diese sich selbst ausgewählt haben, statt jedermann unglücklich zu machen, indem sie ihnen die Zukunft diktieren wollen. Wenn Sohn oder Tochter unglücklich und wütend, vielleicht sogar verbittert sind in der Arbeit oder dem Beruf, den sie nur um der Eltern willen angetreten haben, ist die Aussicht auf Erfolg in diesem Arbeitsgebiet gleich Null!

Lassen Sie zu, daß sich Ihre Kinder ihre Ziele selber setzen, daß sie ihren eigenen Weg suchen und, wenn sie ihn gefunden haben, auch gehen!

Wie entdeckt man den „Star“ in seinem Kind?

Achten Sie darauf, was Ihr Kind gerne tut. Fragen Sie sich: Wo liegen seine Interessen? Was begeistert ihn oder sie? Fördern Sie diese Ziele, auch wenn es nicht die Ihrigen sind!

Der kleine Stuart schaute, so oft er konnte, den Flugzeugen nach. Wenn die Familie zu Verwandten unterwegs war, ließ er sich kaum vom Flughafen wegbringen. Er kaufte sich Flugzeugposter, Flugzeugbücher, Flugzeugmodelle und später sogar eine Bauanleitung für ein einsitziges Ultraleichtflugzeug. Seine Mutter dagegen litt unter Flugangst und haßte den Gedanken, ihren Sohn im Flugzeug zu wissen. Doch nachdem sie festgestellt hatte, daß dieses Interesse kaum schwinden würde, sprang sie über ihren eigenen Schatten und kaufte ihrem Sohn Bausätze für Flugzeugmodelle. Sie erlaubte ihm sogar, eine Halbtagsstelle anzunehmen, so daß er von dem verdienten Geld Flugstunden nehmen konnte. Heute ist Stuart bei einer großen Fluggesellschaft als Pilot angestellt und fliegt ein Verkehrsflugzeug. Seine Mutter fährt nach wie vor lieber mit dem Zug, aber sie weiß, daß ihr Sohn endlich seinen langersehnten „Traumjob“ gefunden hat.

Wenn Sie Ihrem Kind helfen wollen, ein „Star“ zu werden, sollten Sie ihm zunächst bei der Suche nach der Bühne behilflich sein, auf der es seine größte Nummer präsentieren kann.

Wenn Sie seine Interessen erst einmal erkannt haben, sollten Sie Ihre ganze Kraft daransetzen, daß es sein volles Potential entfalten kann. Wenn Ihr Kind sich für das Theater interessiert, nehmen Sie es zu Aufführungen mit, führen Sie es hinter die Kulissen, und lassen sie es, falls das möglich ist, mit Schauspielern und Regisseuren reden. Erlauben Sie ihm, an Kindertheaterstücken mitzuwirken, und schauen Sie sich anschließend die Aufführungen an. Vielleicht wird aus Ihrem Kind einmal ein Bühnenbildner am Stadttheater statt einem Hollywood-Star auf der großen Leinwand. Ein „Star auf der eigenen Bühne“ – das klingt doch fast noch besser, oder?

Und wenn sich eines Tages die Interessen des Kindes wandeln?

... dann sollte man sich vor allem nicht wundern. Das passiert oft. Die wenigsten Menschen wissen von Anfang an, was für einen Beruf sie ergreifen wollen. Wenn sich die Interessen Ihres Kindes ändern, sollten Sie die Erfahrungen, die Sie dem Kind vermittelt haben, nicht als einen Verlust betrachten. Sehen Sie sie als Bereicherung an. Sinnvoll genutzte Zeit ist niemals „verlorene Zeit“, und die Möglichkeiten, die Sie Ihrem Kind eröffnet haben, waren Möglichkeiten zur Erkundung seiner Talente, zur Entwicklung bestimmter Fertigkeiten und zum Wachstum in Selbstdisziplin durch Übung und praktische Erfahrung.

Schließlich ist es wichtig, daß man keine unrealistischen Erwartungen an sein Kind stellt. In jeder Sportart, bei jedem Vortrag und bei jeder Prüfung gibt es nur *einen* „Besten“. Vielleicht ist Ihr Kind nicht *der* „Star“. Doch das heißt noch lange nicht, daß es nicht auf seinem Gebiet *ein* Star sein kann.

Ein Kind, das gelernt hat, sich etwas zuzutrauen, das sein Lampenfieber überwunden und einmal im Rampenlicht gestanden hat, ein Kind, das sich in eine neue Rolle eingearbeitet hat und den Erfolg gespürt hat – ein solches Kind ist ein Kind geworden, das Selbstvertrauen gelernt hat: durch das Überwinden von Niederlagen, durch Selbstdisziplin, durch Übung und noch einmal Übung. Helfen Sie ihm dabei! Es gibt nichts Schöneres für einen kleinen Star, als auf der Bühne zu stehen und aus dem Publikum ein elterliches „Bravo“ zu hören!

Und wenn Ihr Kind nun einmal nicht der oder die „Beste“ ist? Dann trösten Sie es damit, daß die Devise „Dabeisein ist alles!“ auch etwas für sich hat. Es wird seinem Selbstbewußtsein keinen Abbruch tun!

24

„Segne, Vater, diese Speise ...“ – Kindergebete

Wenn Sie Ihr Kind bei Tisch, vor dem Schlafengehen oder in einer Notsituation darum bitten, ein Gebet zu sprechen, vermitteln Sie ihm damit: „Ich achte deine Beziehung zu Gott.“ Gibt es überhaupt eine Beziehung, die wichtiger ist als diese?

Leider kommt es immer wieder vor, daß Kinder von gemeinsamen Gebeten ausgeschlossen werden. Man betet für sie, mit ihnen und in ihrer Gegenwart. Man dankt für das Essen, das sie zu sich nehmen werden, und das Kind sitzt dabei und schweigt. Oft bleibt ihm dann nur noch übrig, sich zu fragen: „Hört Gott nur auf Erwachsene?“

Geben Sie darum Ihrem Kind die Möglichkeit, in Ihrem Beisein offen und mit eigenen Worten zu Gott zu sprechen. Bitten Sie das Kind auch, vor dem Frühstück oder dem Mittagessen das Tischgebet zu sprechen, vielleicht auch, wenn Sie einen Ausflug machen und eine längere Autofahrt vor sich haben. Bitten Sie es auch, für die Familie zu beten, bevor es schlafen geht.

Wenn Sie es für richtig halten, sollte das Kind auch ruhig in Ihrer Kirche oder Gemeinde an einer Gebetsgemeinschaft teilnehmen.

Neulich war ich bei einer solchen Gebetsversammlung zugegen. Es ging um ein wichtiges Problem, und alle Erwachsenen beteten der Reihe nach. Als dann die Zeit des gemeinsamen Betens zu Ende war, sagten wir alle „Amen“ und fingen an, uns über etwas anderes zu unterhalten. Plötzlich rief das einzige Kind in der Runde, ein fünfjähriges Mädchen: „Wartet doch noch mal!“ Wir starrten sie alle an. Und dann sagte sie mit fester Stimme: „Ich war noch nicht dran mit Beten!“

Ich muß schon sagen: Ein wenig schämten wir uns! Sogleich wurde es wieder still; es wurden die Hände gefaltet und die Köpfe gesenkt, und das fünfjährige Mädchen sprach ein Gebet. Und was für ein Gebet sie sprach: Wir hatten keinen Zweifel daran, daß Gott sie an diesem Abend wirklich gehört hatte.

Nun mögen Sie einwenden: „*Und wenn mein Kind nicht beten will, wenn ich es darum bitte?*“

Man sollte ein Kind unter keinen Umständen dazu zwingen, in der Öffentlichkeit zu beten. Schließen Sie es einfach mit ein, geben Sie ihm die Gelegenheit dazu, schauen Sie es aber bitte nicht vorwurfsvoll an, wenn es vorzieht zu schweigen.

Wenn sich ein Kind beim Beten in einer Gebetsgemeinschaft wohlfühlen soll, muß es vorher gelernt haben, sich im engeren Familienkreis wohlzufühlen – wenn es allein betet, mit Ihnen zusammen oder mit anderen Menschen seines Vertrauens.

Wie lernt ein Kind beten?

Auch hier kommt es auf Ihr Vorbild an! Ihr Kind lernt am besten beten, wenn es miterlebt und mit anhört, wie Sie beten. Geben Sie deshalb gut darauf acht, wie Sie beten! Ich war richtig erschrocken, als ich das erste Mal hörte, wie mein sechsjähriger Neffe selbständig vor dem Essen betete. Es klang fast wie bei einem Pfarrer: „Segne, Vater, diese Speise, uns zur Kraft und dir zum Preise. Amen!“ Und, schwupps, griff er nach seinem Marmeladenbrötchen. Ich fragte mich nur, ob er eigentlich verstand, was er soeben gesagt hatte.

Wichtig ist, daß ein Kind lernt, so zu beten, wie es seiner Persönlichkeit entspricht. Helfen Sie ihm dabei, indem Sie einfach und verständlich (nicht jedoch kindisch!) beten. Wenn Sie dies tun, spricht nichts dagegen, daß Ihr Kind Ihnen ein Gebet nachspricht. Bedenken Sie: Ein Kind, dem seine Eltern es zutrauen, ein vollwertiges Gebet zu sprechen, ist ein Kind mit Selbstvertrauen, das sich ernstgenommen fühlt.

25

„Warum? – Darum!“ – Begründungen und wie man sie formuliert

Wenn irgend möglich, nennen Sie Ihrem Kind den Grund, wenn Sie ihm etwas zu tun auftragen oder verbieten. Dadurch vermitteln Sie Ihrem Kind: „Ich habe alles gut durchdacht. Ich liebe dich zu sehr, als daß ich dich willkürlich behandeln würde. Du bist es mir wert, daß ich dir eine Erklärung gebe.“

Natürlich gibt es auch Situationen im Leben, wo eine Begründung nicht sinnvoll wäre. Insbesonders gilt dies für Befehle. Ein Kind muß lernen, den Eltern aufs Wort und ohne Widerrede zu gehorchen. „Lauf schnell rüber!“ heißt, daß das Kind laufen muß. Sie wollen schließlich nicht, daß es mitten auf der Straße stehenbleibt und erst einmal die Erklärung der Eltern abwartet.

Später - oder besser noch: vorher! – kann man einem Kind anhand verschiedener Beispiele erklären, warum das Gehorchen so wichtig ist. Machen Sie dem Kind klar, daß es auf Zurufe wie „Lauf!“ „Halt!“ „Nicht!“ oder „Los!“ sofort reagieren muß, und zwar deshalb, weil sonst unter Umständen Lebensgefahr besteht.

Etwas anderes als ein Befehl ist eine Bitte. Bitten werden an ein Kind herangetragen, weil man etwas gerne erledigt hätte, oder weil man etwas braucht. „Kannst du heute nachmittag den Rasen mähen?“ ist eine solche Bitte. Hier ist das Kind nicht in Lebensgefahr. Oder: „Kannst du mir einen Gefallen tun und den Tisch decken?“ Obwohl Ihr Kind hier einen Befehl heraushören könnte, handelt es sich doch in Wirklichkeit um eine Bitte, und Sie sollten dem Kind auch die Möglichkeit geben, sich anders zu entscheiden.

Die meisten Kinder haben Verständnis dafür, wenn ihre Eltern sie um einen Gefallen bitten. Erklären Sie Ihrem Sohn oder Ihrer

Tochter: „Schließlich gehörst du zu unserer Familie, und in einer Familie hilft man sich gegenseitig. Als Vater habe ich die Verantwortung, dich zu bitten, bestimmte Dinge zu erledigen, und ich freue mich, wenn du mir hilfst."

Völlig anders sieht es aus, wenn Sie von Ihrem Kind etwas Neues und über das Übliche Hinausgehende verlangen. In diesem Fall ist eine Erklärung unerläßlich. „Anne, von Montag an fährst du mit dem Bus zur Schule! Ich fange nämlich nächste Woche mit einer Teilzeitarbeit im Krankenhaus an und gehe zur gleichen Zeit aus dem Haus wie du. Deshalb habe ich keine Zeit, dich vorher zur Schule zu fahren. Ich bleibe morgens so lange, bis du in den Bus gestiegen bist, und wenn du nachmittags zurückkommst, bin ich wieder zu Hause. Wenn ich dich heute zur Schule fahre, schauen wir nach, wo die Haltestelle ist, einverstanden?"

In bestimmten Situationen wird es Ihnen schwerfallen, Ihre Entscheidung einleuchtend zu begründen. Und doch sollten Sie es versuchen. „Ich weiß nicht, Toni, aber irgendwie habe ich ein schlechtes Gefühl bei der Sache. Mir wäre es wirklich lieber, wenn du nicht hingehst. Und da ich deine Mutter bin, muß ich mich an meine elterlichen Gefühle halten. Vielleicht irre ich mich. Aber im Moment bitte ich dich einfach, mir zu vertrauen." Die meisten Entscheidungen werden ohnehin „aus dem Bauch", also aufgrund von Gefühlen getroffen und nicht aus logischen oder verstandesmäßigen Gründen.

Vermeiden Sie „absolute Wahrheiten" als letzte Begründungen. Es gibt beispielsweise kein gottgegebenes Alter, ab dem Freundschaften mit dem anderen Geschlecht erlaubt sind. Wenn man seinem Kind sagt: „Unter sechzehn läuft nichts!" behält man sich keinen Spielraum mehr vor. Es könnte doch sein, daß sich Ihre Tochter völlig anders entwickelt, als Sie es erwartet haben. Vielleicht ist sie mit sechzehn noch nicht reif genug für eine Verabredung mit einem jungen Mann. Andererseits sind schon manche Vierzehnjährige so weit, daß man sie ruhig in „männlicher Begleitung" auf ein Schulfest schicken kann. Nageln Sie sich also nicht selber fest!

Das gleiche gilt für Streitpunkte wie Make-up, Ohrringe, Kino- und Fetenbesuche oder für das Übernachten bei Freunden. Machen

Sie es sich nicht zu leicht, indem Sie eine „feste Altersgrenze" bestimmen.

Behandeln Sie Ihr Kind als Individuum. Halten Sie Schritt mit der Entwicklung Ihres Kindes. Vertrauen Sie ihm, wenn es sich als vertrauenswürdig erweist. Lassen Sie die elterlichen Zügel im Laufe der Zeit immer lockerer. Mit dieser Methode vermitteln Sie dem Kind: „Ich sehe dich als Persönlichkeit, nicht als ‚die durchschnittliche Fünfzehnjährige'. Du bist meine Tochter und nicht irgendeine statistische Größe!"

Wenn man einem Kind gegenüber die elterlichen Anweisungen begründet, wird die Überzeugung in ihm wachsen, daß seine Eltern ihre Entscheidungen nach reiflicher Überlegung treffen, und diese Überzeugung wird sich positiv auf sein Selbstwertgefühl auswirken.

26

„Eltern erwünscht!“ – Lassen Sie sich in der Schule sehen

Wenn die Schule Ihres Kindes einen „Tag der offenen Tür“ veranstaltet, sollten Sie nach Möglichkeit dort erscheinen!

Wahrscheinlich werden Sie sich nicht alle Sportveranstaltungen ansehen können. Vielleicht schaffen Sie es auch nicht, jede Aufführung, jedes Konzert oder jede Ausstellung zu besuchen.

Aber wenn Sie schon die Möglichkeit haben, mit den Lehrern Ihres Kindes zu reden und sich seinen Klassenraum anzusehen, sollten Sie diese unbedingt wahrnehmen. Dies gilt übrigens für beide Elternteile, nicht nur für Mütter.

Warum ist es so wichtig, daß Sie sich regelmäßig in der Schule Ihres Kindes sehen lassen?

Erstens gibt es nur ein- oder zweimal im Jahr einen „Tag der offenen Tür“ oder einen Elternsprechtag. Ihr Kind weiß das und wird es wahrscheinlich nicht verstehen, wenn Sie diesen Termin nicht wahrnehmen, obwohl sie ihn lange vorher hätten einplanen können.

Zweitens ist der „Tag der offenen Tür“ eine Gelegenheit für Ihr Kind, Ihnen den Ort zu zeigen, wo es die meiste Zeit außerhalb des Hauses verbringt.

Drittens bietet dieser Tag Ihrem Kind eine Gelegenheit, Ihnen seine Erfolge vorzuführen – in einer „Welt“, die anders ist als die gewohnte Umgebung zu Hause. Das Kind freut sich, an diesem Tag einmal ein wenig „angeben“ zu können und die Lehrer auf seiner Seite zu wissen.

Bestimmt zeigt Ihnen Ihr Kind seine Arbeiten und Bilder, die irgendwo aushängen. Es wird Ihnen von dem Projekt erzählen, an dem es mitgewirkt hat, oder Ihnen in seinem Klassenraum ein Experiment vorführen. Damit will Ihnen das Kind sagen: „Schau mal, Papa, zu dieser Gruppe gehöre ich. Ich fühle mich sehr wohl hier, und ich würde mich freuen, wenn es dir hier auch gefällt. Meine Arbeiten werden ausgestellt, weil meine Lehrerin sie schön findet. Findest du sie auch schön?“

Nicht nur am „Tag der offenen Tür“, sondern auch am Elternabend sollten Sie sich in der Schule blicken lassen. Und wenn ein Lehrer oder sogar der Klassenlehrer Sie sprechen möchte, sollten Sie möglichst schnell einen Termin vereinbaren. Denn Sie werden, wenn Sie mit dem Lehrer oder der Lehrerin Ihrer Kinder sprechen, nicht nur wichtige Einzelheiten über Ihr Kind und seinen Lernfortschritt erfahren, sondern auch von kleineren aufkeimenden Problemen hören, die für Sie bestimmt auch von Interesse sind.

Das Gespräch mit der Lehrkraft vermittelt dem Kind die Botschaft, daß Ihnen an seinem Schulleben und an seinem geistigen Wachstum etwas liegt. Es wird außerdem merken, daß Sie als Vater oder Mutter hundertprozentig die Schule, die Rolle der Lehrer und des Klassenlehrers und die Inhalte des Unterrichts unterstützen. Diese Haltung zeigt Ihrem Kind: „Ich schätze deinen Verstand, und ich setze mich dafür ein, daß du hier alles lernst, wozu du Gelegenheit hast. Du sollst so klug und intelligent wie möglich werden und so viel leisten, wie du kannst.“

Wenn es Ihnen möglich ist, sollten Sie auch auf die vielfältigen Bitten der Lehrer um Elternhilfe eingehen. Das kann die Bitte um Begleitung bei einem Ausflug sein, die Kuchenspende für ein Klassenfest oder die Hilfe bei der Dekoration für ein Schulfest.

Wenn ein Kind merkt, daß die Eltern auf diese Weise Interesse an seinem schulischen Wohlergehen zeigen, ist es sehr viel eher dazu motiviert, sein volles Potential auszuschöpfen, als wenn die Eltern sich nach der Devise „ohne mich“ aus allem heraushalten, ganz abgesehen davon, daß engagierte Eltern auch die Stellung des Kindes im Klassenverband stärken - was sich äußerst positiv auf dessen Selbstwertgefühl auswirkt.

27

„Als du noch klein warst ...“

Jedes Kind hört gerne Geschichten, in denen es die Hauptrolle spielt. Wenn man seinem Kind eine solche Geschichte erzählt, fühlt es sich dadurch in seiner Existenz bestätigt. Man sagt ihm damit: „An dieses Erlebnis mit dir kann ich mich noch gut erinnern. Du bist mir so wichtig, daß ich mir genau gemerkt habe, was du gesagt und getan hast, und das war nicht nur früher so, sondern ist auch heute noch so.“

Erzählen Sie dem Kind, wie lustig es war, als es noch ein Baby oder Kleinkind war. Geben Sie ihm die Gelegenheit, über seine eigene Kreativität, über lustige Wörter und spaßige Begebenheiten „von damals“ zu lachen. Natürlich wird dabei niemals über, sondern immer *mit* dem Kind gelacht!

Erzählen Sie davon, was Ihnen in Ihrem Schatz von Erinnerungen besonders lieb und teuer ist – der zarte Kuß, den der kleine Junge seiner Großmutter gab, als er sie zum ersten Mal im Rollstuhl sah, die nette Art, wie Ihre Tochter einem anderen Kind ihr Lieblingsspielzeug gab, weil es so traurig war. Zeigen Sie Ihren Kindern, wie sehr Sie es schätzen, wenn sie sich selbstlos und großzügig verhalten haben!

Erzählen Sie auch davon, wie Ihr Kind einmal etwas besonders Mutiges tat: „Weißt du noch – dein erster Tag im Kindergarten? Ganz mutig kamst du da hereingestiefelt! Ich sehe es heute noch vor mir.“ Oder die Geschichte, wie Ihr Sohn die Katze aus dem Werkzeugschuppen gerettet hat. „Ich hab’ dich richtig bewundert damals, Jeremy. Und die Katze hatte gar keine Angst vor dir, sondern schnurrte ganz zutraulich in deinem Arm!“ Geben Sie

Ihrem Sohn ruhig die Gelegenheit, sich einmal wie ein Held zu fühlen.

Solche „Geschichten aus dem Nähkästchen“ eignen sich auch hervorragend dazu, die heutigen Leistungen eines Kindes zu loben, indem man sie als eine ganz natürliche Weiterentwicklung einer früheren Begabung darstellt. „Ich erinnere mich noch daran, als du erst vierzehn Monate alt warst und mit Riesenschritten die Treppe hinaufstiegst. Schon damals habe ich über deine flinken Bewegungen gestaunt. Für mich ist es gar kein Wunder, daß du heute in Sport so ein As bist!“

Schließlich sollten Sie Ihrem Kind auch Geschichten erzählen, aus denen hervorgeht, daß es bestimmte positive Eigenschaften von seinen Vorfahren geerbt hat. Vermitteln Sie ihm auf diese Weise einen Sinn für Tradition und das Erbe Ihrer Familie. „Als wir dir letzten Sommer dein Hündchen mitgebracht hatten, hast du dich neben das Körbchen gelegt und dort fest geschlafen. Dein Arm lag im Korb, direkt neben dem Hund, der sich fest daran schmiegte. Du hattest den Kleinen jaulen gehört und warst zu ihm hingegangen, hast ihn gestreichelt und ihm gesagt, daß er nicht allein ist. Das hat mich so an früher erinnert, wie du auf Opas Bauch im Wohnzimmer auf dem Schaukelstuhl geschlafen hast. Ich glaube, du hast Opas Tierliebe geerbt. Er war immer so gut zu den armen Geschöpfen, wenn sie Trost brauchten. Hoffentlich geht dir das nie verloren.“

Solche Geschichten über die frühe Kindheit vermitteln Ihrem Sohn oder Ihrer Tochter ein Gespür dafür, daß sie nicht alleine stehen, sondern ein Glied in einer langen Kette von Vorfahren sind. Sie haben etwas Beständiges und Wertvolles an sich und sind für die Entwicklung einer gesunden Selbstachtung nicht zu vernachlässigen.

28

Nicht verzagen, Tochter fragen! – Kinder als Experten

Geben Sie Ihrem Sohn oder Ihrer Tochter die Gelegenheit, Ihnen etwas beizubringen, und zwar auf einem Gebiet, wo das Kind sich auskennt und Sie nicht! Es gibt wohl kein erhebenderes Gefühl für ein Kind, als etwas so gut zu können, daß es einem anderen, den es mag, darin unterrichten kann.

Wie gut kennen Sie sich mit Computer- und Videospielen aus? Lassen Sie sich von Ihrem Kind ein paar Tricks zeigen! Kennen Sie das Buch, das Ihr Kind gerade ausgelesen hat? Lassen Sie sich doch einmal den Inhalt erzählen! Haben Sie schon herausgefunden, wie der neue Videorecorder funktioniert? Ihr Kind kennt sich bestimmt damit aus und wird es Ihnen gerne zeigen.

Meistens ist es doch so, daß Sie als Erwachsener den Lehrer spielen. Drehen Sie doch ab und zu einmal den Spieß um, und Sie werden sehen, wie Ihr Kind als „kleiner Lehrer" einen weiteren Schritt auf dem Weg zu einem gesunden Selbstvertrauen vorankommt!

Wußten Sie schon,

- daß Ihr Sohn besser als Sie weiß, wie sein Spielzeug funktioniert?
- daß Ihre Tochter wahrscheinlich viel besser über die neuesten Modetrends Bescheid weiß als Sie?
- daß Ihr Kind die Schauspieler in den neuesten Fernsehserien viel genauer beobachtet als Sie?
- daß es sich mit den neuesten Modewörtern bestimmt besser auskennt als Sie?

- daß es mit Sicherheit die Kinder in der Nachbarschaft besser kennt als Sie?
- und daß es, was Kleidung, Frisuren und Make-up betrifft, ihren Eltern um Längen voraus ist?

Sie sehen selbst: Es spricht vieles dafür, daß Sie einmal Ihr Kind bitten, Ihnen etwas beizubringen, was Sie gerne wüßten. Geben Sie sich dann aber auch alle erdenkliche Mühe mit dem Lernen! Mag sein, daß Sie die neuesten Slang-Ausdrücke nicht für den eigenen Gebrauch kennenlernen wollen (Ihnen ist „ein hübsches Kleid" lieber als „ein affenscharfes Outfit"!), aber Sie sollten doch zumindest die Bedeutung kennen, damit Sie Ihr Kind verstehen können.

Um ein guter „Schüler" zu sein, sollten Sie sich die Neugierde für die Welt Ihres Kindes bewahren. Fragen Sie das Kind nach seiner Lieblingsmusik, nach Popstars und Gruppen, auf die es „abfährt", und interessieren Sie sich auch einmal für die Texte der Lieder (eine sehr aufschlußreiche Lektion)! Vielleicht verbringen Sie mit Ihren Kindern zusammen einmal einen Abend, an dem Sie sich gegenseitig Musik vorspielen. Sie spielen die Schlager vor, die zu Ihrer Kinderzeit „Hits" waren (auch wenn es das Wort damals noch nicht gab), und anschließend legt Ihr Sohn oder Ihre Tochter die neuesten „Top Ten" auf.

Auch ist es für die Eltern-Kind-Beziehung ganz wichtig, daß Sie aufmerksam zuhören, wenn Ihnen Ihre Kinder irgendeine Beobachtung mitteilen.

Eines Tages zeigte Tim, der Sohn eines mir bekannten Familienvaters, ganz aufgeregt auf die Straße und rief: „Papa, sieh mal! Da fährt ein siebenundsechziger Mustang!" Der Vater war ganz überrascht und fragte: „Woher weißt du denn, daß es ein Siebenundsechziger war?" Und schon fing sein Sohn an zu erzählen. Im Laufe der nächsten halben Stunde erfuhr der Vater, daß Tim praktisch über jedes Auto Bescheid wußte: Er kannte Marke, Baujahr, PS-Zahl und Höchstgeschwindigkeit und wußte, wie das betreffende Modell im Test abgeschnitten hatte. Was glauben Sie, wen sein Vater zu Rate zog, als er sich das nächste Mal einen neuen Firmenwagen kaufte?

Auch meine Freundin Gina hat neuerdings eine persönliche Beraterin. Neulich mußte sie an einer Feier teilnehmen – ein großes Weihnachtsessen ihrer Firma in einem riesigen Festsaal. Wer kam wohl mit, als Gina sich vorher ein passendes Kleid kaufte? Ihre fünfzehnjährige Tochter Michele! Gina dazu: „Michele ist die Familienexpertin für Mode. Sie weiß genau, was gerade ‚in' ist, vom Kleid über den Schmuck bis zum Parfüm."

Wenn man seinem Kind die Möglichkeit bietet, einmal Experte zu sein, vermittelt man ihm: „Ich freue mich über dein Fachwissen. Schön, daß du mich daran teilhaben läßt." Ein Kind, das man in dieser Weise zu seinem „persönlichen Ratgeber" macht, merkt erstens, daß die in seinem Kopf gespeicherten Informationen wertvoll sind und freut sich zweitens darüber, daß sein Rat wichtig ist und von anderen beachtet wird. Und solche Experten sind grundsätzlich Menschen mit einer positiven Selbsteinschätzung.

29

Wenn ein Kind sich verirrt hat

Schärfen Sie Ihrem Kind ein, wie es sich verhalten soll, wenn es sich verirrt hat.

Zeigen Sie ihm, wie man Stadtpläne und Landkarten liest.

Wenn Kinder in etwa begriffen haben, wie sie von ihrem Standort dahin kommen, wo sie hinwollen, sind sie schon nicht mehr so schüchtern. Wer Karten lesen kann, ist selbstsicherer und traut sich eher zu, sich auch in der wirklichen Welt zurechtzufinden.

Wenn ein Kind bemerkt, daß es sich verlaufen hat, gerät es im ersten Augenblick in Panik: „Hilfe – ich bin allein!“ So etwas kann leicht passieren, wenn Sie sich mit Ihrem Kind in einer größeren Menschenmenge befinden und es Sie in einem unbeobachteten Moment aus den Augen verliert.

Als erste Reaktion wird es dann meist um Hilfe rufen, selbst wenn es bei einem stummen, inneren Schrei bleibt. Als nächstes wird es anfangen zu weinen.

Sie können Ihrem Kind helfen, wenn Sie ihm sagen, was es als drittes tun soll. Bringen Sie ihm bei, welche Maßnahmen ihm helfen, den Weg zurück zur Mutter, zur Gruppe oder nach Hause zu finden.

Wie sollte sich ein noch sehr kleines Kind verhalten, wenn es sich verirrt hat? Das wichtigste Prinzip: *Bleiben, wo es ist!* Versichern Sie ihm, daß man wahrscheinlich bald merken wird, daß es fehlt, und daß man als großer Erwachsener ein kleines Kind besser findet, wenn es stehenbleibt, als wenn es ziellos umherirrt.

Bringen Sie Ihrem Kind frühzeitig bei, auf Anfrage deutlich seinen Namen (auch den Familiennamen!) zu sagen. Schon Zwei-

oder Dreijährige können versuchen, ihre Adresse und Telefonnummer auswendig zu lernen.

Sagen Sie dem Kind auch Ihren Namen. Es sollte wissen, daß Sie für andere nicht „Mama“ oder „Papa“ heißen, sondern als Eltern, wie jeder andere Erwachsene auch, einen Vor- und Nachnamen haben.

Lehren Sie das Kind, nach Erwachsenen mit Uniform oder Dienstkleidung Ausschau zu halten. Bei Polizei-, Post- oder Feuerwehrbeamten wird ihm dies nicht schwerfallen. Aber auch ein Namensschild, wie es Verkäufer oder Schalterangestellte tragen, kann ein solches Erkennungszeichen sein. Üben Sie mit dem Kind zu sagen: „Ich habe mich verirrt. Können Sie mir helfen? Ich heiße ... Ich war unterwegs mit ...“ Versichern Sie dem Kind, daß es kein Zeichen von Dummheit ist, wenn man sich verirrt. Und schärfen Sie ihm ein, daß es niemals mit einem Fremden mitgehen darf (selbst wenn er ein Namensschild trägt) und niemals in ein fremdes Auto einsteigen darf.

In einem solchen Fall ist es wichtig, eine Karte lesen zu können.

Noch bei einer weiteren Gelegenheit kann man sich verirren: dann, wenn man bei einem Ausflug oder einer Wanderung vom Weg abkommt. Legen Sie sich einen Stadtplan oder eine genaue Karte von Ihrer Gegend zu. Lassen Sie das Kind darauf die markanten Punkte (Schule, Kirche, Schwimmbad, Bahnlinie) identifizieren. Auf Ihrem nächsten Ausflug verwenden Sie dann diese Karte, um von A nach B zu kommen. Sehr hilfreich ist es auch, wenn Ihr Kind den Weg, oder sogar die ganze Karte, nachzeichnet. Dies hilft ihm, besser auf seine Umgebung zu achten – eine sehr wichtige Fähigkeit, wenn es sich einmal verirren sollte.

Wenn Sie das nächste Mal einen Ausflug machen oder etwas besorgen fahren, lassen Sie Ihr Kind den „Navigator“ spielen. Zeigen Sie ihm, wie die zweidimensionalen Anweisungen auf der Karte in die dreidimensionale Welt hinter der Windschutzscheibe übertragen werden.

Wenn Sie Einkaufszentren, Freizeitparks und Zoos besuchen, sollten Sie es sich angewöhnen, mit Ihrem Kind zusammen die Karte am Eingang zu studieren. Zeigen Sie ihm, vor allem, wenn es schon älter ist, wie man den „Roten Punkt“ findet und was er bedeutet. Hat es den eigenen Standort identifiziert, soll es das Ziel ausfindig machen und Ihnen auf der Karte zeigen, wie man dorthin gelangt. Wenn Sie gemeinsam ein Kaufhaus, einen Park oder ein großes Gebäude betreten, wäre es außerdem gut, einen Treffpunkt auszumachen, falls man sich verliert. Das Festlegen eines solchen Punktes und die Fähigkeit, durch Kartenlesen und/oder Nachfragen dorthin zu finden, werden einem Kind Sicherheit in einer unbekannten Umgebung verleihen und ihm die Angst vor Neuem nehmen.

Scheuen Sie sich nicht, nach dem Weg zu fragen, wenn Sie sich selbst verlaufen haben. Lehren Sie Ihr Kind durch Ihr Vorbild, daß es nichts Verkehrtes oder Peinliches ist, wenn man jemanden etwas fragt. Die meisten Menschen sind äußerst hilfsbereit und zeigen einem Fremden gerne den Weg. Wenn Sie auf diese Weise Ihrem Kind beibringen, wie man sich eine Wegbeschreibung verschafft und wie man mit Karten und Plänen umgeht, vermitteln Sie ihm: „Du bist mir so wichtig, daß ich nicht möchte, daß du dich verirrst oder hilflos fühlst. Mir liegt sehr viel daran, daß du wiedergefunden wirst, denn ich bin gerne bei dir und möchte dich niemals verlieren.

Kinder, die dieses Wissen im Herzen tragen, sind Kinder mit Selbstachtung.

30

„Hau bloß ab!" – Kinder und Ablehnung

Irgendwann stößt jedes Kind auf andere Kinder, vielleicht auf Geschwister (und manchmal sogar auf Erwachsene), von denen es hören muß: „Hau ab. Ich will nicht mit dir spielen. Ich will dich nicht in meiner Nähe haben."

Versuchen Sie, Ihrem Kind Strategien zu vermitteln, wie es mit einer solchen Ablehnung fertig wird. Sagen Sie ihm: „Du bist ein wertvoller kleiner Mensch, und du bist auch dann noch wertvoll, wenn andere Menschen dich wegschicken. Die wissen gar nicht, was für ein besonderes Kind du bist!"

Erklären Sie Ihrem Kind die Gründe, warum andere es vielleicht ablehnen:

- *Manchmal wird ein Kind abgewiesen, weil ein anderes Kind oder eine Gruppe gerade beschäftigt ist, zum Beispiel mit einem Spiel.* Ihr Kind hat möglicherweise gestört. Es wird nicht als Person abgelehnt, sondern wird eigentlich nur aufgefordert zu warten. Zeigen Sie Ihrem Kind, daß es diese Art von Ablehnung daran erkennen kann, daß ein anderes Kind im Spiel oder bei einer wichtigen Tätigkeit gestört wird und dann verärgert reagiert. Erklären Sie ihm, daß es in einem solchen Fall am besten sagt: „Tut mir leid. Ich komm' später noch mal."
- *Vielleicht wird das Kind wegen seines eigenen schlechten Benehmens abgelehnt.* Fordern Sie Ihr Kind auf zuzugeben, daß es mit seinem schlechten Verhalten andere verletzt oder verärgert hat. Lehren Sie Ihr Kind das Wort „Entschuldigung". Im allgemeinen verzeihen Kinder, wenn man sich bei ihnen entschuldigt, und oft geht das Spiel schon nach wenigen Minuten weiter.

„Aber ich hab'doch gar nichts gemacht!" Wie oft müssen sich Eltern diesen Satz anhören! „Vielleicht hast du doch was gemacht und weißt es nur nicht", wäre in diesem Fall die angemessene Antwort. Ermutigen Sie Ihr Kind, seine Spielkameraden zu fragen: „Hab'ich irgendwas falsch gemacht?" Fordern Sie es auf, Fehler zuzugeben, wenn es die Gefühle anderer Kinder verletzt hat.

- *Vielleicht wird Ihr Kind aus Neid oder Eifersucht abgelehnt.* Es kann sehr wehtun, wenn man aus Eifersucht abgelehnt wird, aber eine solche Ablehnung erfolgt meist nur, weil das andere Kind etwas geschenkt bekommen hat, weil es gelobt wurde oder neue Spielsachen hat. Die Ablehnung ist normalerweise keine Ablehnung der Person an sich, sondern geschieht aus Eifersucht. Es ist sozusagen der Neid des einen auf das Gute des anderen, nicht der Ärger über etwas Schlechtes. Helfen Sie dem Kind, diese Zusammenhänge zu erkennen.
- *Vielleicht wird ein Kind auch deshalb abgelehnt, weil das andere Kind einfach schlechte Laune hat.* Irgend etwas kann passiert sein, wodurch das andere Kind in schlechte Laune versetzt worden ist. Mit Ihrem Kind hat das unter Umständen gar nichts zu tun. Das ablehnende Kind ist vielleicht gerade bestraft worden, hat schlechte Nachrichten erfahren oder ist seinerseits zurückgewiesen worden. Fordern Sie Ihr Kind auf, dem anderen etwas Zeit und Spielraum zu lassen, damit es seine Selbstbeherrschung zurückerlangt.
- *Vielleicht wird Ihr Kind auch deshalb abgelehnt, weil das andere Kind falsch erzogen wurde.* Die Eltern des Spielkameraden haben ihm womöglich Vorurteile weitergegeben, falsche Voraussetzungen oder auch einfach falsche Informationen vermittelt. Normalerweise merkt ein Kind, wenn die Ablehnung mit seiner Rasse, Religion, einer Behinderung oder dem sozialen Status zu tun hat. Erklären Sie dem Kind, daß manchmal andere Menschen schlecht informiert sind und daß es jetzt die Möglichkeit hat, dem anderen Kind zu zeigen, wie es sich in Wirklichkeit verhält – nämlich viel besser und freundlicher, als dieses Kind dachte.

Setzen Sie es sich zum Ziel, daß sich Ihr Kind die Ablehnung nicht zu sehr zu Herzen nimmt! Helfen Sie ihm zu erkennen, daß Ablehnung manchmal nur vorübergehend ist, daß es als Kind gar keine Schuld daran trägt, und wenn doch, daß eine Entschuldigung hilft, das Problem zu lösen. Betonen Sie, daß eine Ablehnung wegen seiner Taten nichts mit einer Ablehnung seiner Person zu tun hat.

Vermitteln Sie Ihrem Kind, daß nicht alle Menschen den gleichen Geschmack oder Lebensstil, die gleichen Vorlieben, Abneigungen, Überzeugungen und Wertvorstellungen haben. Die Menschen unterscheiden sich eben voneinander. Manche Menschen befinden sich „auf einer Wellenlänge" mit anderen, und das gilt auch für Kinder. Manche werden Ihr Kind mögen, sein Schaffen, seine Vorlieben und seine ganze Art, andere dagegen nicht.

Eine Möglichkeit, Kindern bei der Bewältigung von Ablehnung zu helfen, ist das Angebot, mit ihnen für das aggressive Kind oder die Gruppe zu beten. Beten ist etwas Positives, das Ihr Kind in einer negativ geprägten Situation tun kann. Nicht nur, daß ein solches Gebet zum emotionalen Wohlbefinden des Kindes beiträgt; es schafft darüber hinaus einen positiven Rahmen, in dem das Kind dem anderen in Zukunft begegnen kann.

Indem Sie Ihrem Kind auf diese Weise helfen, Ablehnung zu verstehen und zu ertragen, wird sein Selbstvertrauen aufgebaut und seine Achtung vor sich selbst gestärkt. Und der nächste Angriff auf seine Persönlichkeit wird ihm schon weit weniger zu schaffen machen.

31

Das Kind kann schenken

Lassen Sie Ihr Kind einem anderen etwas schenken! Ein Kind mit Selbstachtung schenkt gerne und freiwillig. Wenn Sie dem Kind Mut machen, großzügig zu sein, auch wenn dies nicht seinem eigenen Antrieb entsprang, verhelfen Sie ihm zu mehr Selbstachtung.

Das Geschenk kann zum Beispiel in der Zeit bestehen, die es opfert, um die kranken Großeltern zu besuchen. Oder es harkt Blätter zusammen oder hilft jemandem dabei, etwas einzupacken. Vielleicht verschenkt Ihr Kind auch Plätzchen, gibt Spielzeug her oder leiht Kleidung aus.

Ein wirkliches Geschenk erfüllt folgende zwei Bedingungen:

1.) Der Empfänger hat nicht darum gebeten.

2.) Das Geschenk erfolgt, ohne daß eine Gegenleistung erwartet wird.

Es ist meistens am besten, einem Kind nicht zu befehlen, etwas zu verschenken, sondern es ihm nur vorzuschlagen. Wenn ein Befehl dahintersteckt, ist es eigentlich kein Geschenk mehr, sondern nur noch ein widerwillig geleisteter Akt des Gehorsams.

Lassen Sie niemals zu, daß Ihr Kind Geschenke macht, um jemanden anderes zu manipulieren, das heißt, daß es etwas schenkt und dafür eine Gegenleistung erwartet.

Fordern Sie Ihr Kind auf, Geschenke zu machen, die ein wirkliches Opfer darstellen, besonders dann, wenn es schon älter ist und langsam den Wert von zeitlichem und materiellem Einsatz verstehen lernt. Zeigen Sie Ihrem Kind, daß man gerne geben soll, daß einem das Geschenk nicht leid tun soll, sondern daß es ein Ausdruck von Liebe, Anteilnahme und Mitleid ist. Lassen Sie nicht zu, daß Ihr Kind auf den Beschenkten herabsieht. Manchen Kindern wird geraten, ihre alten Spielsachen ärmeren Kindern zu schenken. Wenn Kinder aber nur alte Spielsachen weggeben, werden sie bald glauben, ärmere Kinder seien nicht mehr wert, als daß man ihnen alte, gebrauchte Sachen schenkt.

Vermitteln Sie dem Kind, daß man das ganze Jahr hindurch schenken kann, nicht nur zu besonderen Anlässen, sondern auch ganz spontan. Man braucht kein Geschenkpapier oder Schmuckbänder, damit aus einer Gabe ein Geschenk wird. Man braucht auch nicht auf Geburts- oder Feiertage zu warten.

Fordern Sie Ihr Kind auf, seine Hilfe denjenigen zu geben, die sie nötig haben, zum Beispiel dem alten Nachbarn den Rasen zu mähen, auf das Baby einer Tante aufzupassen, die sonst keinen freien Abend hätte, oder Papa den Rücken zu rubbeln, weil er das so gerne hat – und alles umsonst.

Schließlich sollten Sie das Kind bei Ihrer Erziehung zum Schenken dazu anhalten, Ihnen vorher zu sagen, was und wem es etwas schenken will. Sie wollen schließlich nicht, daß es mit dem Familiensilber loszieht und es den Nachbarn überreicht. Auch Kleider oder andere wertvolle Dinge sollten nicht ohne Ihr Wissen verschenkt werden.

Ein Kind, welches großzügig und gerne gibt, weiß: „Ich kann auf mein Eigentum verzichten, weil ich weiß, daß das Abgeben mir nichts von meiner Persönlichkeit nimmt. Ich habe einen Wert, der mit meinem Besitz nichts zu tun hat."

Kinder, die schenken, sind Kinder, die ihren Wert erkannt haben!

32

Ein „Geheimfach" mit sechs Groschen – Telefongeld

Eine sehr einfache, aber wirksame Maßnahme, Ihrem Kind Selbstvertrauen zu vermitteln, besteht darin, daß Sie ihm stets genug Geld zum Telefonieren mitgeben.

Sie können die Münzen, die für mindestens zwei Anrufe ausreichen sollten, zum Beispiel per Hand mit ein paar Stichen lose in die Jacken- oder Manteltasche einnähen; oder Sie stecken Sie in ein Schlüsseltäschchen (machmal sind Turnschuhe damit ausgerüstet) oder bringen Sie versteckt irgendwo am Kinderfahrrad an.

Wenn Ihr Kind Geld für zwei Anrufe hat, hat es im Notfall die beruhigende Sicherheit, Sie oder jemand anders, der ihm helfen kann, telefonisch zu erreichen. (Bringen Sie Ihrem Kind in diesem Zusammenhang ruhig auch den Umgang mit einem Anrufbeantworter bei.)

Das Kind sollte Ihre Telefonnummer auswendig wissen und dazu mindestens eine weitere Nummer, unter der es wahrscheinlich ebenfalls Hilfe erreichen kann. Diese zweite Nummer könnte die Ihrer Arbeitsstelle sein, vielleicht auch die Nummer der Oma, der Arbeitsstelle des Ehepartners, eines Freundes oder einer anderen Vertrauensperson, die im Notfall helfen kann. Wichtig ist auch, daß Ihr Kind den Namen Ihres Arbeitgebers kennt.

Schärfen Sie dem Kind ein, wie wichtig es ist, dieses Geld nicht vorher auszugeben. Es sollte verstanden haben, daß es nur für den Notfall verwendet werden darf und am besten „vergessen" wird, bis ein Problem auftaucht. Prüfen Sie hin und wieder nach, ob die Münzen noch an ihrem Platz sind.

Sagen Sie Ihrem Kind, daß es im Notfall auch die 110 oder 112 wählen kann (beziehungsweise die in Ihrem Land gültige Polizeinummer). Das Kind sollte wissen, daß es sich hierbei um einen Notruf handelt, daß sich nach dem Wählen die Polizei oder Feuerwehr meldet und daß man die Nummer nur wählen darf, wenn auch wirklich Polizei oder Feuerwehr benötigt wird.

Wenn ein Kind genug Geld für zwei Anrufe hat, wird es sich normalerweise in einer schwierigen Situation helfen können. Wenn es weiß, wann es wen anrufen kann, um Hilfe zu bekommen, fühlt es sich nicht mehr so allein und ängstlich – womit es wieder einen weiteren Schritt auf dem Wege zu einem gesunden Selbstvertrauen vorangekommen ist.

33

„Supercaligexpialigetisch“ – Auswendiglernen macht Spaß!

Im Laufe ihres Schullebens lernen die meisten Kinder zahlreiche Fakten aus allen möglichen Wissensgebieten. In sehr wenigen Schulen allerdings wird vom Kind das Auswendiglernen ganzer Texte verlangt – eine Fertigkeit, die sehr wichtig ist, aber im Laufe der letzten Jahrzehnte auf der Strecke geblieben ist.

● *Das Auswendiglernen von Gedichten, Zitaten oder Textteilen zeigt dem Kind exemplarisch, wie Sprache strukturiert ist und wie sie verwendet wird.* Wenn das Kind Gesprochenes hört, zum Beispiel wenn die Eltern oder andere Erwachsene ihm etwas vorlesen, wächst in ihm die Liebe zur Sprache, und es entwickelt ein besseres Sprachgefühl und eine bessere Sprachfähigkeit. Wer sich die Wörter in einer bestimmten Reihenfolge merkt, lernt an diesem Beispiel, wie sie benutzt werden. Das Auswendiglernen lehrt das Kind neue Wörter und bereichert seine Fähigkeit, Sätze daraus zu bilden. Und häufig kommt das Kind dabei zu dem Schluß, daß der Umgang mit Sprache Spaß macht.

● *Wer etwas auswendig gelernt hat, hat den Stoff zur Verfügung und kann bei Bedarf darauf zurückgreifen.* Auch wenn sich das Kind die gelernten Sätze nicht ständig vorspricht, „arbeiten“ die Worte doch im Bewußtsein des Kindes weiter, und die durch die Wörter vermittelten Inhalte und Wahrheiten zeigen ihre Wirkung, besonders, wenn es sich um Sprüche, Lieder, alte Volksweisheiten oder um wichtige Bibelverse handelt.

● *Das Aufsagen eines auswendig gelernten Stückes vermittelt dem Kind das Gefühl, etwas Besonderes geleistet zu haben.* Es gilt dem Kind als Beweis seiner Lernfähigkeit. Der Umwelt wird vermittelt:

„Diesen Text habe ich auswendig gelernt. Ich kenne ihn jetzt, und niemand kann ihn mir nehmen!"

● *Was sollte das Kind auswendiglernen?*

Lassen Sie es am besten das lernen, was auch Ihnen wichtig ist und etwas bedeutet. Auf diese Weise besitzen Sie und das Kind etwas Gemeinsames, und es entsteht ein neues Band der Verbundenheit zwischen Ihnen. So könnte Ihr Kind Bibelverse und -texte lernen, Sprichwörter, Ihre Lieblingsgedichte oder Reime, die auch Sie als Kind gelernt haben. Manches wird sicher nur wegen der Schönheit der Worte ausgewählt werden – wegen der Wirkung, die Sie damals beim ersten Hören verspürten. Bei passender Gelegenheit können Sie Ihrem Kind dann erklären, warum der betreffende Vers oder das Lied Ihnen soviel bedeutet.

● *Lassen Sie Ihr Kind Prosa, Gedichte oder Lieder lernen, die eine Botschaft enthalten, welche den Charakter des Kindes positiv beeinflußt.* Dies mag ein Abschnitt aus einer berühmten Predigt oder Rede sein, ein Kapitel aus den Evangelien sein oder ein moralisch-ethisch wertvolles Gedicht, dem das Kind eine Wertvorstellung über Gut und Böse entnehmen kann.

● *Lassen Sie Ihr Kind auch etwas lernen, das beim Aufsagen oder Singen ganz einfach Spaß macht.* Vermitteln Sie dem Kind, daß Sprache kreativ und Wörter witzig sein können, daß manch ein Lied voller Unsinn steckt und gerade deshalb so schön ist. (Können Sie sich noch an den Ohrwurm aus dem Musical „Mary Poppins" erinnern? – „Supercalifragilistigexpialigetisch; dieses Wort ist wunderbar und geradezu prophetisch!") Es war schon immer so: Manches wird einfach nur gesungen, weil es hübsch klingt, weil es aufmuntert und ein Lächeln aufs Gesicht zaubert. Geben Sie dem Kind darum etwas Fröhliches mit auf den Weg! Es wird sich dankbar daran erinnern, wenn es traurig ist.

● *Sorgen Sie dafür, daß Kinder bestimmte Texte schon sehr früh auswendig wissen.* Sie sollten ihren Namen vollständig sagen können, ihre Adresse samt Stadt, die Telefonnummer, die Namen der Eltern, und später die Namen ihrer Schule und Lehrer. Fragen Sie das Kind regelmäßig ab, bis Sie sicher sind, daß es schnell und ohne langes Nachdenken diese wichtigen Informationen hersagen kann.

Das Auswendiglernen wird nur Bestand haben, wenn Sie auch regelmäßige Wiederholungen ansetzen. Teilen Sie lange Texte in kleinere Abschnitte auf, die einzeln gelernt und dann zusammengesetzt werden können.

Auch wenn Ihr Kind das Stück erfolgreich auswendig gelernt hat, sollten Sie ihm durch regelmäßige Wiederholungen in wöchentlichem oder monatlichem Turnus helfen, es im Langzeitgedächtnis „abzuspeichern".

Es wird Ihrem Kind guttun, wenn Sie ihm auf diese Weise eine alte Familientradition und gleichzeitig ein sprachliches und kulturelles Erbe weitergeben. Sie werden sehen: Jedes Aufsagen ist ein weiterer Schritt hin zu einem gesunden Selbstvertrauen und einem positiven Selbstwertgefühl.

34

„Was kostet die Welt?“ – Ihr Kind braucht Freiraum

Geben Sie Ihrem Kind genug Freiheit, die Welt zu entdecken, soweit es nicht auf Kosten von Sicherheit und Gesundheit geht. Damit vermitteln Sie dem Kind das Selbstvertrauen, das aus der Gewißheit stammt: „Ich brauche keine Angst vor neuen Erfahrungen zu haben.“

Viele Eltern halten die Zügel zu straff. Andere sind zu gleichgültig. Sie sollten sich bei der Erziehung Ihrer Kinder um ein vernünftiges Mittelmaß bemühen. Lassen Sie Ihren Kindern genügend Auslauf, aber achten Sie darauf, daß kleine Kinder außerhalb der eigenen vier Wände stets in Sicht- und Hörweite bleiben. (Ausgenommen sind natürlich Fälle, bei denen Erwachsene sich verantwortlich um sie kümmern.)

Wenn das Kind mit dem Schulbus fährt, sollten Sie es so lange im Auge behalten, bis es eingestiegen ist. Wenn Ihr Kind in den Kindergarten geht, sollten Sie abwarten, bis es durch die Eingangstür gegangen ist. Wenn es zu Hause vor der Tür spielt, sollten Sie ab und zu hinsehen. Ein Blick durch das Fenster, ein kurzes Innehalten, um nach seiner Stimme zu hören, müßte dabei eigentlich reichen. Achten Sie auch im Park oder auf dem Spielplatz auf Ihr Kind, selbst wenn Sie nur ein paar Schritte entfernt auf einer Bank sitzen. Wenn Sie das Kind mit dem Auto zu einem Spielkameraden bringen, vergewissern Sie sich, daß die Eltern zu Hause sind (am besten, bevor Sie losfahren). All diese Maßnahmen erfordern ein gewisses Maß an Aufwand und Arbeit, aber ohne diese Mühe ist verantwortliche Erziehung nicht möglich.

Zu den eindrücklichsten Erinnerungen an meine Kindheit gehört der Tag, an dem unsere Familie nach Disneyland fuhr und meine Eltern zu mir und meinem Bruder sagten: „Ihr beide dürft in der nächsten Stunde machen, was ihr wollt. Ihr habt beide Armbanduhren. Hier sind eure Eintrittskarten. Seid in einer Stunde wieder hier. Wenn ihr euch daran haltet, wissen wir, daß wir euch auch vertrauen können, wenn ihr länger als eine Stunde auf euch allein gestellt seid."

Was wir nicht wußten: Mama und Papa folgten uns in der nächsten Stunde von weitem, um sicher zu gehen, daß wir uns an ihre Anweisungen halten und nicht über die Stränge schlagen würden. Mein Bruder und ich fühlten uns ungeheuer frei und verantwortungsbewußt und freuten uns, daß wir eine Zeitlang „selbständig" sein durften. Wahrscheinlich haben wir besser aufeinander aufgepaßt und uns korrekter benommen, als wenn unsere Eltern uns begleitet hätten. Wir achteten genau darauf, pünktlich zum verabredeten Ort zurückzukommen, und waren mächtig stolz darauf, ohne die Aufsicht von Erwachsenen unterwegs gewesen zu sein. Daß Vater und Mutter uns in sicherer Entfernung gefolgt waren, erfuhren wir erst Jahre später.

Vielleicht möchte Ihr Kind ein Volksfest oder eine Kirmes besuchen – allein mit seinen Freunden. Dann lassen Sie es ziehen und bleiben Sie (unauffällig) in Sichtweite dabei. Vielleicht möchte Ihr Erstkläßler mit seinen Freunden alleine zur Schule gehen. Dann erlauben Sie es ihm, und beobachten Sie ihn aus dem Hintergrund, bis er den Schulhof betritt. Und wenn Ihre zehnjährige Tochter mit ihren Freundinnen einen Einkaufsbummel machen will? Dann sollten Sie den „jungen Damen" das erlauben und nebenher Ihre eigenen Einkäufe erledigen – so daß Sie die Mädchen beobachten können, ohne daß sie sich beobachtet fühlen. (Als Kind haben Sie ja auch gerne „Detektiv" gespielt!)

Ab welchem Alter braucht man nicht mehr aufzupassen? Im allgemeinen dann, wenn das Kind zu einem vernünftigen Jugendlichen herangewachsen ist, der sich bisher als vertrauenswürdig erwiesen hat. Sie sind allerdings weiterhin dafür verantwortlich zu wissen, wohin Ihr Kind geht und wie es telefonisch erreicht werden kann.

Sie sollten Ihr Kind also einerseits im Auge behalten, ihm

andererseits aber auch Mut machen, seine Welt zu entdecken. Schlagen Sie ihm vor, auf Bäume zu klettern, die Rodelbahn auszuprobieren, beim Urlaub an der See bis ans Ende der Mole zu laufen und nach den Fischen zu sehen und am Strand bei Ebbe vor Ihnen herzulaufen, um die Tümpel und Priele zu erkunden. Lassen Sie es für einen Groschen auf die Waage steigen und erlauben Sie ihm, sich in der Apotheke den Blutdruck zu messen.

Lassen Sie Ihr Kind irgend etwas für Sie besorgen. Tragen Sie ihm Aufgaben auf, die es in Eigenregie lösen kann. „Jimmy, läufst du mal eben los und holst mir einen Liter Milch? Ich stelle mich schon mal an der Kasse an." Oder: „Kathrin, tu mir einen Gefallen und steck dieses Markstück in die Parkuhr."

Wenn Sie dem Kind Mut machen, auf eigene Faust Neues zu entdecken, verhelfen Sie ihm zu dem Vertrauen, daß es auch schwierige Situationen meistern kann.

Wenn einem Kind Freiheit zum Herumstöbern gelassen wird, wenn es sich auch einmal schmutzig machen darf, wird es natürlich hin und wieder ein paar Beulen davontragen. Doch das sollten Sie in Kauf nehmen.

Wichtig ist, daß Ihr Kind immer wieder aufsteht, daß es weiß: „Ich darf Dinge ausprobieren!" und daß es durch ständige kleine Erfolgserlebnisse zu einem Mensch mit gesundem Selbstvertrauen wird.

35

Der „liebe Onkel“ – Schützen Sie Ihr Kind vor Mißbrauch!

Vermitteln Sie Ihrem Kind die notwendigen Fähigkeiten, sich vor Mißbrauch zu schützen! Damit tun Sie nicht nur etwas für das Selbstvertrauen und die Selbstachtung Ihres Kindes, sondern auch für seine Sicherheit an Leib und Leben.

In unserer heutigen Zeit und Gesellschaft müssen Kinder schon sehr früh wissen, wie sie sich gegen Drogenhändler, gegen sexuellen und sonstigen Mißbrauch, gegen Entführung und gegen die Methoden sektiererischer Gruppen zur Wehr setzen können.

- *Lehren Sie Ihr Kind, daß Drogenhändler und alle*, die es verführen wollen, Alkohol, Zigaretten oder irgendwelche „Bonbons“ zu probieren, gemieden werden müssen wie die Pest.
- *Mißbrauch und Mißhandlung* umfaßt alles, was Ihr Kind in sexueller, körperlicher oder psychischer Weise verletzt. Auch wenn jemand ständig versucht, Macht über Ihr Kind zu gewinnen (ein Verhalten, das Persönlichkeitsveränderungen bewirken kann), erleidet das Kind einen schweren seelischen Schaden.

Damit soll nicht gesagt werden, daß Eltern ihr Kind mißhandeln, wenn sie es für schlechtes Benehmen durch einen „Klaps auf den Po“ bestrafen. Dieser Klaps tut dem Kind zwar weh, aber wenn er zu Recht erfolgte und durch entsprechende Zuwendung, Liebe und Zärtlichkeit ausgeglichen wird, versteht das Kind diese Maßnahme, und die Schmerzen sind bald wieder vergessen. Für irgendeine andere Form der körperlichen Verletzung (etwa Schläge auf ein anderes als das dafür vorgesehene Körperteil) gibt es keine Entschuldigung oder Rechtfertigung.

- *Jugendsekten und ähnliche Gruppen* könnten versuchen, Ihr

Kind in ihre geheime, exklusive Gemeinschaft zu locken, aus der Sie als Eltern ausgesperrt bleiben. Die meisten Sekten bieten jungen Menschen eine Gruppenzugehörigkeit, die jeweils voraussetzt, daß die Eltern abgelehnt oder angelogen werden und daß man sich gegen sie auflehnt.

- *Kindesentführer* versuchen meistens, ein Kind auf dem Schulweg „abzufangen". Es reicht heute leider nicht mehr aus, ein Kind vor dem Kontakt mit Fremden zu warnen, weil statistisch erwiesen ist, daß in den häufigsten Fällen die körperliche oder seelische Mißhandlung von Menschen ausgeht, die aus dem engeren Umfeld der Familien stammen, von Menschen also, die das Kind nicht nur kennt, sondern oft auch gern hat.

Reden Sie mit Ihren Kindern über das Vorgehen eines möglichen Entführers oder Gewalttäters. Meist geschieht die erste Annäherung auf freundliche Art. Oft wird dem Kind etwas geboten, das ihm Spaß machen, das es begeistern oder anlocken soll.

Schärfen Sie Ihrem Kind ein, in folgenden Situationen unbedingt „nein" zu sagen:

- wenn jemand, den es nicht kennt, ihm etwas zu essen oder zu rauchen anbietet;
- wenn jemand, den es nicht kennt, ihm irgendeine Pille, eine Tablette oder ein „Bonbon" anbietet;
- wenn ein Unbekannter anbietet, das Kind nach Hause zu fahren;
- wenn jemand Ihr Kind an Körperteilen berührt, die zum Intimbereich gehören (was darunter zu verstehen ist, wissen Sie ja selbst; lesen Sie dazu aber auch die Erläuterungen in Kapitel 45);
- wenn jemand Ihrem Kind einschärft, irgend etwas nicht zu zeigen oder zu verraten, egal, wie dieses „Geheimnis" begründet wird.

Zusätzlich, das heißt über den Rat hinaus, unbedingt „nein" zu sagen, sollten Sie dem Kind zwei weitere Schritte einschärfen:

Erstens: „Lauf so schnell weg, wie du kannst." Sagen Sie dem Kind, daß es niemals mit jemandem, der ihm Geschenke machen will oder sonst einen Annäherungsversuch macht, verhandeln, diskutieren oder streiten darf.

Zweitens: „Komm anschließend gleich zu mir und sag mir, was passiert ist, und zwar sofort – egal, was dir gesagt wurde oder womit du bedroht worden bist.“ Versichern Sie dem Kind, daß eine Drohung, wie furchtbar sie auch gewesen sein mag, es niemals davon abhalten darf, Ihnen alles zu erzählen.

Das allerwichtigste ist, daß Sie zu Ihrem Kind ein Vertrauensverhältnis aufbauen, so daß es mit Fragen, Wehwehchen oder Sorgen jederzeit zu Ihnen kommen kann. Und wenn es sich Ihnen dann anvertraut, sollten Sie immer davon ausgehen, daß es auch die Wahrheit sagt.

Sehen Sie auch nicht über die Verletzungen, Sorgen oder Fragen eines Kindes hinweg. Sagen Sie ihm vielmehr: „Was diese Person gesagt oder getan hat, finde ich auf keinen Fall richtig. Ich bin sehr wütend auf diesen Menschen. Und doch bin ich froh, daß du mir davon erzählt hast.“

Anschließend sollten Sie Ihr Kind zur Bestätigung in den Arm nehmen und fest an sich drücken.

Wenn ein Kind Ihnen erzählt hat, daß es von jemandem mißhandelt oder mißbraucht worden ist, müssen Sie unter allen Umständen den Kontakt des Kindes mit dieser Person unterbinden, solange, bis Sie den vollen Umfang des Geschehens geklärt und den Täter gestellt haben (was in den meisten Fällen nicht Ihre Aufgabe, sondern die der Polizei ist).

Wenn Sie mit Ihrer Tochter oder Ihrem Sohn über die Gefahren des Kindesmißbrauchs sprechen, muß deutlich werden, daß auch Kinder ein Recht darauf haben, von Erwachsenen mit Respekt behandelt zu werden. Wenn Ihrem Kind das klar ist, wird ein innerliches „Warnsignal“ aufleuchten, wenn ihm jemand zu nahe tritt.

Achten Sie bitte darauf, daß diese Gespräche in einer Atmosphäre stattfinden, die von Vertrauen und Liebe geprägt ist. Es geht nicht darum, dem Kind Angst zu machen, sondern darum, daß es auch über die schlimmen Dinge, die es im Leben gibt, Bescheid weiß - und vor allem, daß es weiß, wie groß Ihre Liebe ist und wie sehr Ihnen daran gelegen ist, Ihren Sohn oder Ihre Tochter zu schützen.

Dieses Wissen wird eine beruhigende Wirkung auf Ihr Kind ausüben und sein Selbstvertrauen stärken.

36

„Mein Freund ist schon groß!" – Freundschaften mit Erwachsenen

Helfen Sie Ihrem Kind, sich auch mit anderen vertrauenswürdigen Erwachsenen anzufreunden, wenn Sie den Eindruck haben, daß diese Menschen dem Kind Wissen vermitteln können, es liebevoll behandeln und ihm Beispiele für positives Verhalten geben. Solche „erwachsenen Freunde" verhelfen Ihrem Sohn oder Ihrer Tochter zu mehr Selbstachtung. Sie vermitteln dem Kind die Zuversicht, daß es nicht ganz allein in der Welt dasteht, wenn den Eltern etwas passieren sollte.

Kinder brauchen nämlich die Gewißheit, daß man sich um sie kümmert, wenn ihre Eltern sterben sollten. Kinder können schon in jungen Jahren durch Tod von ihren Eltern getrennt werden. Sie fragen sich, und das oft laut: „Was passiert mit mir, wenn du nicht mehr da bist?" Vergewissern Sie sich, daß Sie dem Kind eine konkrete und befriedigende Antwort geben können. Zu Ihrer Verantwortung als liebende Eltern gehört es, dafür Sorge zu tragen, daß das Kind weiß, wohin es gehen wird und daß es jemanden gibt, der sich seiner annimmt für den Fall, daß Sie plötzlich schwerbehindert sind oder sterben.

Reden Sie dem Kind immer wieder zu, ein gutes Verhältnis zu Großeltern, Tanten und Onkeln anzustreben. Für Familien, die durch Scheidung zerbrochen sind, ist dies eine wahre Herausforderung. Ringen Sie sich zu der Erkenntnis durch, daß Ihr Kind die Beziehung zum früheren Partner und dessen Familie weiterhin braucht, egal, wieviel Sie selbst durchgemacht haben. Denn wenn man dem Kind die Hälfte seiner Familie vorenthält, beraubt man es vieler wertvoller Erinnerungen und Erfahrungen. Kinder können nicht verstehen, warum sie nichts mehr mit Oma und Opa zu tun haben dürfen, bloß weil Papa oder Mama fortgegangen sind. Wenn man eine Trennung von den Verwandten des vormaligen Partners erzwingt, vertieft man nur das Verlustgefühl des Kindes.

Zu den Merkmalen einer solchen erwachsenen Bezugsperson für Ihr Kind gehört, daß dieser Mensch gerne mit dem Kind zusammen ist und an seinem Leben Anteil nehmen will. Bemühen Sie sich darum, daß Ihr Sohn oder Ihre Tochter zu solchen Erwachsenen Kontakt findet, die an dem Kind wirklich Freude haben. Auch umgekehrt sollte gelten, daß das Kind gerne mit der betreffenden Person zusammen ist. Versuchen Sie, die Beziehung dadurch zu fördern, daß Sie

- dem Kind erlauben, längere Zeit mit dem erwachsenen Freund zusammenzusein
- Ihre Tochter oder Ihren Sohn auffordern, auch Probleme mit diesem Menschen zu besprechen
- dem Kind helfen, Geschenke für seinen Freund auszusuchen, und es dazu erziehen, auch für seine Geschenke dankbar zu sein
- die betreffende neue Bezugsperson in Gesprächen als Bestandteil der erweiterten Familie betrachten und sie bei gemeinsamen Unternehmungen mit einbeziehen

Ermutigen Sie das Kind, seine erwachsenen Freunde auch zu Schulveranstaltungen, Fußballspielen, Kinderchorkonzerten und anderen Gelegenheiten einzuladen. Sie sollten Ihrerseits die Freunde Ihres Kindes ebenfalls zu Familienausflügen einladen.

Reagieren Sie nicht verletzt – und achten Sie auch bei Ihrem Kind darauf –, wenn der erwachsene Freund nicht sämtliche Einladungen annehmen kann. Sagen Sie Ihrem Kind in solchen Fällen: „Vielleicht klappt es ja beim nächsten Mal!" – ohne jedoch Ihre Tochter oder Ihren Sohn dabei in billiger Weise zu vertrösten.

Machen Sie Ihrem Kind aber auch klar, daß die Autorität und Verantwortung der Bezugsperson Grenzen hat. (Das sollte man auch den Freunden selbst klarmachen.)

Reden Sie regelmäßig mit den Pateneltern, Tanten, Onkeln und Großeltern über das Kind. Teilen Sie ihnen mit, was das Kind gerade erlebt hat und welche Konflikte es zur Zeit durchmacht. Erzählen Sie von Leistungen und Enttäuschungen, von Freizeitbeschäftigungen, Hobbies und Interessen, denn solche Informationen dienen den älteren Freunden als Hinweis, wie sie mit dem Kind reden können, worauf sie hören sollten und was sie ihm vielleicht zu Weihnachten schenken könnten.

Kinder, die wenigstens einen oder zwei andere Erwachsene als die Eltern zum Freund haben, sind Kinder mit einem hohen Maß an Selbstvertrauen. Sie haben jemanden, den sie um Rat fragen können, der sie versteht und gelegentlich auch einmal in den Arm nimmt. All das tut den Kindern gut – und vor allem tut es ihnen gut zu wissen, daß selbst dann, wenn die Eltern einmal nicht mehr da sein sollten, sich jemand um sie kümmern wird.

37

„Komischer Typ, dein Bekannter!“ – Kinder und die Kritik der Eltern

Wenn Ihr Kind sich anhören muß, wie Sie über seine Freunde herziehen, wird es sich verletzt fühlen und Ihre Kritik ablehnen. Wenn es dann auch noch mitbekommt, wie Sie schlecht über Ihre eigenen Freunde reden, Menschen, die Sie angeblich schätzen und lieben, wird es schon bald Ihre gesamte Vorstellung von Liebe in Frage stellen. Ihr Kind wird sich fragen: „Wenn Mama so etwas über Oma sagt und andererseits behauptet, daß sie Oma lieb hat, weiß ich nicht mehr, was ‚Liebe‘ eigentlich bedeutet. Was meint sie denn damit, wenn sie sagt, sie liebt und schätzt sie? Und was meint sie, wenn sie sagt, daß sie *mich* liebt?“

Ihr Kind wird sich vielleicht sogar fragen: „Was redet Papa hinter meinem Rücken über mich? Vielleicht sagt er mir, daß er mich lieb hat und mich mag, und geht dann zu anderen, denen er sagt, daß er mich haßt? Kann ich ihm eigentlich noch glauben, was er mir sagt?“

Kritisieren Sie also nicht die Freunde Ihres Kindes! Kritisieren Sie nicht Ihren Ehepartner in der Gegenwart des Kindes, besonders dann nicht, wenn er aus beruflichen oder sonstigen Gründen schon länger nicht mehr zu Hause war.

Bedeutet dies, daß man über andere nur Gutes reden darf, selbst wenn es auf Kosten der Wahrheit geht? Sicher nicht!

Nehmen wir einmal an, ein Bekannter Ihrer Familie sei – aus welchen Gründen auch immer – straffällig geworden und sitze im Gefängnis. Dann sollten Sie Ihrem Kind auf keinen Fall erzählen, der Betreffende komme deshalb nicht mehr zu Besuch, weil er auf eine lange Reise gegangen sei. Sie müssen immer damit rechnen, daß Ihr Kind die Wahrheit von jemand anderem erfahren könnte.

Wenn Ihr Kind sie direkt fragt, sollten Sie ihm ruhig sagen, daß dieser Mensch einen schweren Fehler begangen hat und daß er deswegen im Gefängnis sitzt. Das heißt allerdings nicht, daß Sie ihn nun als „Verbrecher“ oder „Schurken“ bezeichnen sollten, der etwas Unverzeihliches getan hat. Bewahren Sie sich immer den Respekt vor der Menschenwürde des anderen!

Ein anderes Beispiel: Ihre Tochter hat Kontakt zu einem „Punk“. Dann sagen Sie ihr ruhig, daß Sie es nicht gut finden, wie dieser Junge sich kleidet. „Also, ich finde grüne Strähnen nicht gerade schön. Und schwarz von Kopf bis Fuß sieht auch nicht besonders aus. Mein Geschmack ist das jedenfalls nicht!“ Gegen eine solche Formulierung ist nichts einzuwenden! Ganz anders sieht es aus, wenn Sie den Jungen als „verlausten Hippie-Typen“ oder „kriminelles Element“ beschimpfen. Auch die Formulierung: „Seine Eltern müssen verrückt sein, wenn sie ihm das durchgehen lassen!“ ist nicht in Ordnung.

Ein bestimmtes Aussehen oder Verhalten dürfen Sie kritisieren, nicht jedoch den Wert eines Menschen in Frage stellen.

Denken Sie daran: Wenn man andere schlechtmacht, schädigt man das Selbstvertrauen derer, denen diese Menschen etwas bedeuten. Und da Sie die Selbstachtung Ihres Kindes nicht beeinträchtigen, sondern fördern wollen, sollten Sie in seiner Gegenwart nicht schlecht über seine Freunde reden!

38

„Paß bloß auf! Sonst ...“ – Keine leeren Drohungen!

Ein Kind mit leeren Drohungen einzuschüchtern führt mit Sicherheit dazu, daß sein Selbstvertrauen zerstört wird. Auch flößen leere Drohungen einem Kind Angst ein, und Angst zerstört die Selbstachtung ebenfalls. Leere Drohungen bewirken außerdem eine Entfremdung von den Eltern. „Wenn Mama mich bedroht, kann ihr im Grunde nicht viel an meiner Sicherheit und an meinem Wohlergehen liegen“, sagt sich das Kind.

Leere Drohungen machen nicht nur Angst und zeigen Ihre Inkonsequenz in der Erziehung, sie zerstören auch das Vertrauen Ihres Kindes darauf, daß Sie die Wahrheit sagen.

Denn eine leere Drohung ist eine Androhung, die nicht ausgeführt wird. Dies zu erkennen ist ganz entscheidend. Eine Androhung ist es, wenn man dem Kind sagt: „Wenn du das noch einmal machst, bringe ich dich aus dem Zimmer!“ Eine Androhung von Strafe liegt auch vor, wenn man dem Kind sagt: „Zum dritten Mal hast du mir heute absichtlich nicht gehorcht. Dafür gibt es einen Klaps.“ Sie sagen etwas und führen es aus. Es wird angekündigt und in die Tat umgesetzt. Leere Drohungen jedoch gehen nicht über den ersten Schritt hinaus.

Sie setzen ein wütendes Gesicht auf und schimpfen: „Papa gibt dir gleich was hinten vor, wenn du nicht aufhörst!“

Das Kind hört nicht auf, und was passiert? Nichts! Diese Inkonsequenz führt bei dem Kind zu der Überlegung: „Papa hat etwas gesagt, was er nicht wahr gemacht hat. Man kann ihm also nicht immer glauben, daß er die Wahrheit sagt. Vielleicht sagt er mir auch nicht die Wahrheit, wenn er sagt, daß er mich liebhat, und daß ihm viel an mir liegt. Wer weiß, vielleicht sind diese Versicherungen auch nicht wahr."

Eine Androhung, die nicht ausgeführt wird, ist nichts als eine leere und unwahre Drohung. Und eine leere und unwahre Drohung ist nichts anderes als eine Lüge.

Es soll auch Eltern geben, die ihren Kindern mit Monstern drohen, die angeblich unter dem Bett hervorgekrochen kommen und sie „packen", etwa dann, wenn sie aufstehen, ohne vorher um Erlaubnis gefragt zu haben.

Manche drohen auch mit einem „Schwarzen Mann", der hinter den Grenzen lauert, die sie dem Kind gesetzt haben. Er würde sie sich „schnappen", wenn sie aus dem Hof oder dem Garten fortlaufen oder abends aus dem Fenster klettern. Eines ist schlimmer als das andere.

Einer der furchtbarsten Erziehungsfehler besteht darin, die Urangst eines jeden Kindes – die Angst, Mutter oder Vater zu verlieren – zu „erzieherischen" Zwecken zu mißbrauchen. Man droht dem Kind, es zu verlassen. Zum Beispiel wenn sie beim Einkaufen trödeln: „Ich laß dich hier, wenn du nicht sofort zu mir kommst." Bitte tun Sie so etwas niemals!

Sagen Sie dem Kind die Wahrheit. Tun Sie das, was Sie angekündigt haben. Halten Sie, was Sie versprochen haben und bestrafen Sie das Kind, wenn es wissentlich eine Grenze, die Sie ihm gesetzt haben, überschreitet. Ihr Ja soll ein Ja, ihr Nein ein Nein bleiben.

Wenn dem Kind die Wahrheit gesagt wird, weiß es, wo es dran ist. Und dies ist für die Entwicklung eines gesunden Selbstwertgefühles von ganz entscheidender Bedeutung.

39

„Déjà-vu" – dem Kind die Angst vor dem Neuen nehmen

Bereiten Sie nach Möglichkeit Ihr Kind auf neue Situationen und Erfahrungen vor. Stärken Sie sein Selbstvertrauen, indem Sie ihm die Erfahrung verschaffen, das Unbekannte und Neue „schon einmal gesehen" zu haben.

● *Bereiten Sie das Kind auf eine neue Wohnung vor.* Reden Sie über den Umzug, und, wenn möglich, fahren Sie mit ihm durch die neue Umgebung und zeigen ihm das neue Haus. Wenn Sie auf Wohnungssuche sind und eine bestimmte Gegend im Auge haben, sollten Sie das Kind mitnehmen. Geben Sie ihm das Gefühl, an der Entscheidung beteiligt zu sein.

● *Helfen Sie dem Kind, sich auf eine neue Schule einzustellen.* Gehen Sie schon vor dem ersten Schultag mit ihm hin, laufen Sie die Gebäude und den Schulhof ab. Unterhalten Sie sich über die schöne Zeit, die ihm dort bevorsteht. Wenn möglich, versuchen Sie, seine Lehrer kennenzulernen und den Klassenraum zu besichtigen.

Erklären Sie dem Kind, wie es in der neuen Schule zugeht, was das Klingelzeichen bedeutet, wann die Pausen sind und welche verschiedenen Fächer dort unterrichtet werden. Erkären Sie Ihrem Kind die Unterschiede zwischen der alten und der neuen Schule, und sprechen Sie auch die Möglichkeit an, daß Stundenpläne und Erwartungen der Lehrer anders als auf der alten Schule sein können.

● *Bereiten Sie das Kind vor, wenn es alleine verreisen muß (oder will).* Ich weiß noch, wie meine Eltern mich eines Samstagnachmittags im Frühling mit ins Gebirge nahmen, wo ich im Sommer eine Woche in einem Ferienlager verbringen sollte. Wir sahen uns die Unterkünfte an, liefen das Seeufer ab und schauten sogar durch das

Fenster des Speisesaals. In den nächsten paar Wochen fiel es mir nicht schwer, mir das Ferienlager vorzustellen, und als es dann endlich soweit war, stieg ich voller Zuversicht und ganz ohne Angst in den Bus.

● *Helfen Sie dem Kind, sich auf seinen ersten öffentlichen Auftritt vorzubereiten.* Sollten Sie die Möglichkeit haben, können Sie mit dem Kind den Ablauf des Programms durchgehen, bevor es zum ersten Mal bei der Weihnachtsaufführung, beim Schultheaterstück oder beim Aufsagen auf die Bühne geht. Geben Sie dem Kind die Möglichkeit, die Bühne schon vorher zu betreten und einen Blick in den Zuschauerraum zu werfen. Geben Sie ihm auch die Gelegenheit, etwas übungsweise vor einer Gruppe aufzusagen, auch wenn es nur vor der Familie im Wohnzimmer ist und das Kind nicht auf der Bühne, sondern auf einem Schemel steht.

● *Bereiten Sie das Kind auf jede neue Erfahrung vor.* Wenn ein Kind vor neuen Erfahrungen steht, sollten Sie sich auch auf die Fragen vorbereiten, die es im Zusammenhang damit stellen wird, sei es, daß es sich um die erste Übernachtung bei Freunden handelt, um eine „Pyjamaparty", ein Schulfest, die Erstkommunion, die Konfirmation oder das erste Mal, daß das Kind zu einer Hochzeit eingeladen ist.

Was dies alles mit Selbstvertrauen und Selbstachtung zu tun hat? Wenn das Kind „vorgewarnt" ist, fühlt es sich einer neuen Herausforderung eher gewachsen. Es weiß: „Ich bin alt genug, daß man mir erzählt, was los ist. Ich brauche keine Angst vor etwas Neuem zu haben. Mama und Papa glauben, daß ich mit der Situation fertigwerde, und wenn sie mir das zutrauen, traue ich es mir selber auch zu."

40

Vom Umgang mit Mißerfolgen

Es spielt keine Rolle, wie gut Sie ein Kind auf neue Erfahrungen vorbereiten, und wie oft es sich bislang korrekt verhalten hat: Es wird Situationen geben, in denen es versagt.

- Vielleicht verfehlt es beim Fußball kurz vor dem Schlußpfiff noch das Tor, und seine Mannschaft verliert deshalb mit einem Tor Rückstand.
- Vielleicht fällt das Zeugnis schlecht aus.
- Vielleicht bringt Ihr Sohn eine „fünf" in der Mathearbeit nach Hause.
- Oder Ihre Tochter hat ihren ersten Auftritt und stolpert, als sie die Bühne betritt.

Mißerfolge gehören nun einmal zum Leben dazu. Wenn Sie Ihrem Kind darum vermitteln, wie man mit Fehlschlägen umgeht, haben Sie ihm etwas besonders Wichtiges beigebracht. Damit diese Lektion wirksam wird, muß man dabei den Mißerfolg bei einem bestimmten Anlaß von dem „sonstigen Erfolg" des Kindes (und damit seinem Wert als Mensch) strikt trennen.

Wenn Ihr Kind aus irgendeinem Grunde versagt, speisen Sie es bitte nicht mit Redensarten ab wie: „Beim nächsten Mal hast du eben mehr Glück." Sagen Sie ihm lieber: „Ich bin stolz darauf, daß du es versucht hast. Du warst so mutig, dich vor die ganzen Leute hinzustellen. Du wolltest diese Aufgabe meistern, und du hast dein Bestes gegeben!"

Natürlich kommt es auch vor, daß ein Kind etwas probiert und nur deswegen versagt, weil es nicht genug geübt hat und schlecht vorbereitet war.

Dann sollten Sie diesen Vorfall zum Anlaß für ein Gespräch darüber nehmen, wie man in Zukunft solche Enttäuschungen vermeiden kann. Reden Sie mit dem Kind in einer Weise, die es spüren läßt: „Die Sache ist wichtig!“

Wenn Ihre Tochter oder Ihr Sohn merkt: „Nach dieser Manöverkritik erwartet Papa von mir, daß ich mich am Riemen reiße“, wird sich das Kind beim nächsten Mal mehr anstrengen. Achten Sie aber, wie gesagt, immer darauf, den Mißerfolg in einer bestimmten Situation von der Person des Kindes zu trennen. Das Kind hat zwar versagt, ist aber deshalb noch lange kein Versager.

Besonders sensibel sollten Sie reagieren, wenn das Kind sagt: „Ich verstehe diese Aufgabe einfach nicht“ oder „Ich schaffe es einfach nicht, bei solchen Fragen die richtige Antwort zu finden.“ Vielleicht braucht Ihr Kind Nachhilfeunterricht oder etwas mehr Unterstützung von elterlicher Seite. Möglicherweise liegt auch eine bisher nicht entdeckte Lernbehinderung vor.

Manchmal meint ein Kind, das sagt: „Ich kann das nicht“, eigentlich nur: „Ich kann es nicht so gut wie jemand anders.“ Wenn dies in Ihrem Fall zutrifft, sollten Sie dem Kind einige konkrete Vorschläge machen, wie es seine Leistungsfähigkeit verbessern kann. Appellieren Sie an seine Bereitschaft, nicht aufzugeben, sondern es immer wieder zu versuchen – solange, bis es gelingt. Vielleicht hat es sich bisher einfach nicht genug Mühe gegeben.

Ein Kind, das gelernt hat, Mißerfolge als vorübergehende, zeitweilige „Ausrutscher“ zu akzeptieren, ist ein Kind mit Selbstvertrauen. Es lernt, mit Fehlschlägen umzugehen, und entwickelt im Laufe der Zeit die feste Überzeugung, grundsätzlich „auf Erfolg programmiert“ zu sein.

41

„Wer den Pfennig nicht ehrt ...“ – ein Sparkonto für Ihr Kind

Geben Sie Ihrem Kind schon in jungen Jahren die Möglichkeit, ein Sparkonto zu eröffnen. Das Kind sollte Gelegenheit haben, sich Geld zu verdienen und regelmäßig Beträge auf ein Konto einzuzahlen.

Irgendwann in der Grundschule kommt für die meisten Kinder der Zeitpunkt, zu dem sie sich ihrer finanziellen Situation bewußt werden! Sie merken, daß sie reicher als andere sind und ärmer als wieder andere. Ein Sparkonto kann dem Kind in dieser Situation das Gefühl vermitteln: „Ich bin nicht so arm, wie die Leute vielleicht denken. Ich habe noch einen Betrag, von dem die anderen nichts wissen.“

● *Regelmäßiges Sparen lehrt das Kind, nicht alles sofort auszugeben.* Oft sind Kinder bereit, auf manche Mode zu verzichten, wenn sie auf etwas Bestimmtes hin sparen. Ein Kind, das eines Tages ein Auto haben will und weiß, daß es mit fünf regelmäßig gesparten und verzinsten Mark pro Woche diesem Ziel näher kommt, wird sein Geld höchstwahrscheinlich nicht für Alkohol, Naschereien oder Videospiele verplempern.

Geben Sie dem Kind Ziele vor, die es anstreben und für die es sparen soll. Kaufen Sie ihm darum nicht alles selbst. Ihr Kind hat zwar ein Recht darauf, von Ihnen zu erwarten, daß Sie seine Grundbedürfnisse erfüllen, aber es sollte nicht glauben, daß Sie für seine sämtlichen Launen und Wünsche zuständig sind. Es stimmt zwar, daß es wunderbare Geschenke gibt (von der Stereoanlage bis zum Photoapparat), aber solche Luxusgegenstände haben für Kinder oft noch einen größeren Wert, wenn sie dafür sparen, das heißt wenn sie den Kauf eigenständig planen und auch schon die Vorfreude genießen können.

● *Geld verdienen und sparen lehrt ein Kind, daß Arbeit und Leistung einen meßbaren Wert haben.* Geben Sie dem Kind also die Gelegenheit, Geld zu verdienen. Knüpfen Sie aber immer die Bedingung daran, daß ein Teil des Betrages gespart wird. Beim Sparen selbst können Sie dann immer noch unterscheiden zwischen einer bestimmten Summe, die zwischendurch für kleinere Anschaffungen wieder abgehoben werden darf, und dem Betrag, der langfristig (für das Studium oder für „dein eigenes Haus") angelegt werden soll.

Sprechen Sie mit dem Kind von Zeit zu Zeit über seine finanzielle Situation. Zeigen Sie ihm, welche Vorteile es hat, das Geld in Sparbriefen anzulegen. Vermitteln Sie ihm auch einen Begriff dafür, wie viele Stunden es dauert, bis man sich bestimmte Dinge verdient hat. Viele Kinder glauben, das Geld käme den Eltern auf irgendeine magische Weise „zugeflogen". Sie haben kaum eine Vorstellung davon, daß Papa und Mama sich das Geld sauer verdienen müssen und daß ein gutes Gehalt nicht selbstverständlich ist.

● *Wenn Ihr Kind Sie zur Bank begleitet, mit Sparbüchern umgehen lernt und seinen Kontostand kontrolliert, gewinnt es durch diese Tätigkeiten Selbstvertrauen und wird es später leichter haben, mit Geld umzugehen und mit Banken und ähnlichen wichtigen Institutionen zu verhandeln.*

Ich bin immer wieder erstaunt, wie viele Erwachsene nicht wissen, wie sie ein Finanzbudget aufstellen oder ihr Konto ausgleichen können. Umso wichtiger ist es, daß Sie Ihren Kindern diese Fähigkeit schon frühzeitig beibringen. Entscheiden Sie gemeinsam, wie sie mit dem Taschengeld umgehen sollen und welcher Prozentsatz davon auf das Sparbuch kommt. Nehmen Sie Ihr Kind mit, wenn Sie zur Bank gehen. Lassen Sie es zusehen, wenn Sie ein Überweisungsformular ausfüllen, und machen Sie es mit Wörtern wie „Soll", „Haben", „Zinsen", „Kündigungsfristen" und ähnlichen Fachbegriffen vertraut.

Last, but not least sollten Sie auch folgende Grundprinzipien im Umgang mit dem Geld Ihres Kindes beherzigen:

- Raten Sie ihm niemals, sein Geld in etwas Riskantes zu stecken. Ihr Kind würde eine große Enttäuschung erleben, wenn es bei Aktiengeschäften Geld verliert (was natürlich auch Erwachsenen passieren kann!).
- Leihen Sie sich niemals Geld von Ihrem Kind. Es würde ihm schwerfallen, Ihnen eine ausgebliebene Rückzahlung zu verzeihen, sei es, daß Sie nicht zahlen können oder daß Sie es vergessen haben.
- Wenn Ihr Sohn oder Ihre Tochter schon älter ist, sollten Sie über die Eröffnung eines Girokontos nachdenken, über das Ihr Kind selbständig verfügen kann. Zeigen Sie ihm, wie man Schecks ausfüllt und den Kontostand überprüft.

Vermitteln Sie Ihrem Kind auf diese Weise Selbstvertrauen im Umgang mit verdientem und gespartem Geld. Wenn Sie ihm das Vertrauen entgegenbringen, in finanziellen Dingen selbst entscheiden zu dürfen, ihm Einblick geben in finanzielle Zusammenhänge und es frühzeitig mit den entsprechenden Fachbegriffen vertraut machen, wird Ihr Sohn oder Ihre Tochter in einigen Jahren sagen: „Vater und Mutter haben mir vertraut. Schritt für Schritt haben Sie mich auf den Tag vorbereitet, an dem ich auf eigenen Füßen stehen kann."

42

Der Reiz des Neuen

Das Leben ist voller Abenteuer! Man muß sie nur entdecken. Machen Sie sich mit Ihrem Kind zusammen auf die Suche und probieren Sie einmal etwas aus, das für Sie beide neu ist.

Wenn man gemeinsam etwas Neues erforscht, bekommt das Kind die Gelegenheit, seine Eltern als Mitentdecker des Lebens kennenzulernen. Es entsteht in ihm das Gefühl: „Wir gehen zusammen auf die Reise und erforschen unbekanntes Territorium." Es ist nämlich für Kinder stets lehrreich, wenn sie miterleben, wie ihre Eltern mit neuen Situationen umgehen.

● *Probieren Sie doch einmal ein neues Restaurant oder ein exotisches Gericht aus!* Debbi und Dennis, zwei meiner „kleinen Freunde", begleiteten mich neulich in ein libanesisches Spezialitätenrestaurant. Sie machten sich zwar nichts aus „Homos bi Tahini" (Kichererbsenpüree), begeisterten sich aber an „Tabuli" (Bulgursalat) und Kohlrouladen. Jetzt kennen sie sich mit libanesischem Essen aus und können sich aus der exotischen Speisekarte unbefangen etwas auswählen.

Essen Sie mit Ihren Kindern ruhig ab und zu ein ausländisches Gericht. Wer weiß? Vielleicht verschlägt es sie später einmal nach China oder Afrika, wo sie sich auf Speisen einlassen müssen, die sie vorher nie gesehen, geschweige denn gegessen haben.

● *Die neue Erfahrung könnte auch ein Konzert oder eine Theateraufführung sein.* Zwei weitere Freunde von mir, Allen und John, hielten zunächst überhaupt nichts von einer Vorstellung, deren Titel sie nicht einmal aussprechen konnten. Doch als sie dann das Bühnenbild und die Musik von *Les Misérables* „hautnah" erlebten, waren sie, wie sie mir sagten „hin und weg von der tollen Show, die die Leutchen abgezogen haben". Inzwischen sind sie eifrige Theaterbesucher und haben neben Kino und Rockkonzerten ein neues Hobby entdeckt.

Wie gut erinnere ich mich noch an den Tag, als mein Vater mit mir zu unserem ersten Rodeo ging. Was für ein Spaß, und was für eine gemeinsame Erinnerung! Man ist nie zu alt für neue Abenteuer!

● *Die gemeinsame neue Erfahrung könnte auch eine Reise in eine andere Stadt oder ein anderes Land sein.* Es wird dem Selbstvertrauen Ihres Kindes bestimmt guttun, wenn Sie mit ihm zusammen reisen und ihm neue Gegenden im Ausland oder auch im eigenen Land zeigen. Nicht nur, daß es sich daran freuen wird, Neues zu sehen und neue Gebräuche und Sprachen zu erleben; es lernt außerdem, wie man einen Koffer packt, wie man auch außerhalb der heimischen Gefilde mit unbekannten Situationen zurechtkommt, wie man mit See- oder Reisekrankheiten umgeht, wie man mit Unbekannten redet, eine fremde Speisekarte liest, sich an fremde Betten gewöhnt und ans Fliegen, oder wie man sich in der Bahn, an Bord eines Schiffes oder im Bus verhält. All dies trägt dazu bei, den Horizont des Kindes zu erweitern, denn es lernt, flexibel zu reagieren und sich an neue Gegebenheiten anzupassen.

● *Auch der Besuch des Gottesdienstes einer anderen Konfession ist eine wertvolle, neue Erfahrung.* Als ich acht war, machte unsere Pfadfindergruppe einen Ausflug zu einer kalifornischen Missionsstation. Von den zwölf Mädchen in der Gruppe war nur ein einziges katholisch. Wir waren unserer Freundin dankbar, daß sie wußte, was zu tun war, als während der Besichtigung auf einmal die Morgenmesse begann. Nie zuvor hatte diese Gruppe kleiner protestantischer Mädchen eine Kirche betreten, wo das Niederknien und Sich-Bekreuzigen, wo Weihrauch und lateinische Liturgie zur gottesdienstlichen Tradition gehörten. Plötzlich erlebten wir ein gemeinsames Abenteuer, das mindestens so interessant war wie eine Übernachtung im Freien (vor allem, weil wir an jenem Tag lernten, daß Katholiken und Protestanten ihre Gottesdienste zwar mit unterschiedlichen Ritualen feiern, in ihren Glaubensüberzeugungen jedoch auch sehr viel gemeinsam haben).

Wenn man gemeinsam mit seinem Kind auf Entdeckungsreise geht, vermittelt man ihm damit, daß Abenteuer und Unbekanntes keine furchteinflößenden, sondern sehr spannende Angelegenheiten sind. Wichtig ist dabei nur, daß die Erkundung kein Sicherheitsrisiko birgt, daß man mit Vor- und Umsicht die Sache angeht und daß man das Neuland sorgfältig ausgewählt hat.

Gemeinsame neue Erfahrungen schaffen ein Band des Vertrauens zwischen Eltern und Kindern, ein Band, aus dem einmal ein reicher Schatz an Erinnerungen erwächst, eine Quelle gemeinsamer Gespräche, die unter Umständen ein ganzes Leben lang nicht versiegt. Wenn Sie mit Ihrem Kind zusammen „auf Tour" gehen, lassen Sie es damit wissen: „Ich bin gerne mit dir zusammen. Ich schätze dich als Mitentdecker des Lebens. Ich wünsche mir, daß du diese Welt als eine Herausforderung ansiehst, mit der man es aufnehmen und über die man sich freuen kann. Ich möchte dir zeigen, wie man möglichst viel aus seinem Leben machen kann." Wenn das Kind dies gelernt hat, hat es wieder ein Stück Selbstachtung gewonnen.

43

Der kleine Heimwerker

Nichts hält ewig. Jeder Gebrauchsgegenstand geht irgendwann einmal kaputt. Meist reagieren Eltern dann so, daß sie sofort Hand anlegen. Zerbrochenes wird geklebt, zerrissene Kleider genäht, Puppen „heil gemacht", Knöpfe wieder angenäht und Scherben zusammengefegt.

Manche Eltern ärgern sich über ihr Kind, weil es achtlos war. Dies ist sicher verständlich, aber Eltern sollten auch erkennen, daß von Seiten des Kindes nicht immer böse Absicht dahintersteckt.

Statt sich zu ärgern oder zu versuchen, die Sache selbst zu reparieren, sollten Sie einmal etwas anderes ausprobieren: Lassen Sie das Kind den Schaden so gut es geht reparieren.

Schon kleine Kinder können es lernen, wie man mit einem Schwammtuch die vergossene Milch vom Boden aufwischt. Vielleicht wird nicht alles sauber, aber einen Versuch ist es jedenfalls wert. Ältere Kinder können schon gut einen Scherbenhaufen selber zusammenfegen.

Im Laufe der Jahre sollten Sie sich bemühen, dem Kind auch die Fähigkeit beizubringen, einen defekten Gegenstand zu reparieren. Zeigen Sie ihm, wie man einen Knopf annäht oder einen Saum näht, wie man mit einem Hammer umgeht und wie man Klebstoff benutzt. Bringen Sie ihm bei, wie man Glühbirnen auswechselt und einen tropfenden Wasserhahn abstellt.

Nicht alle Tätigkeiten sind für jüngere Kinder gleichermaßen geeignet. Vermitteln Sie die entsprechenden Fertigkeiten erst dann, wenn sich die Geschicklichkeit, Feinmotorik und Entscheidungsfähigkeit des Kindes entsprechend ausgebildet haben.

Wenn mechanische Teile defekt sind, sollten Sie Ihr Kind grundsätzlich auffordern, mit Ihnen gemeinsam zu überlegen, ob sie sich reparieren lassen. Werfen Sie ein Gerät nicht einfach weg, weil es sich angeblich nicht mehr reparieren läßt oder weil Sie das nicht können! Besorgen Sie sich Heimwerkerbücher und Reparaturanleitungen, und schauen Sie hinein. Geben Sie dem Kind den Anreiz, einen Transistor selbst zu ersetzen (vorher Netzstecker ziehen!) oder Teile zusammenzuschrauben, die auseinandergefallen sind.

Zeigen Sie dem Kind den Unterschied zwischen Geräten, die nur gebraucht sind, und solchen, die verbraucht sind. (Zu den teuersten Antiquitäten auf dem Markt gehören Gegenstände, die zwar deutliche Gebrauchsspuren tragen, aber immer noch benutzt werden können.)

Zeigen Sie Ihrem Kind Beispiele für Gegenstände, die repariert werden können, und auch für solche, die unbedingt ersetzt werden müssen. Halten Sie dabei aber auch die langfristigen Kosten im Auge. Es könnte zum Beispiel billiger und energiesparender sein, einen neuen Staubsauger zu kaufen, als ständig den alten zu reparieren. Erklären Sie dem Kind die Gründe, warum etwas repariert werden kann oder ersetzt werden muß.

Ein Kind, das sich zu helfen weiß und nicht verzagt, wenn etwas kaputt geht, ist ein Kind mit einer gesunden Portion an Selbstvertrauen, und das ist es ja, was Sie erreichen wollen.

Wenn es lernt, Dinge zu reparieren, weiß es, daß vieles grundsätzlich wiederherstellbar ist, und vielleicht wird Ihr Kind diese Erkenntnis im späteren Leben auch auf die Beziehung zu seinen Mitmenschen übertragen.

44

„Glaube, Hoffnung, Liebe ...“

Reden Sie mit Ihrem Kind über Ihre Hoffnungen, über das, was Sie sich für sein Leben und über das Leben hinaus für alle Ewigkeit erhoffen.

Fast alle Eltern hoffen,

- daß ihre Kinder mit Gesundheit und einem langen Leben gesegnet werden.
- daß sie sich die wichtigsten materiellen Bedürfnisse erfüllen können.
- daß sie Freunde finden und mit ihren Mitmenschen harmonisch zusammenleben.
- daß sie beruflich vorankommen und eine Arbeit finden, mit der sie zufrieden sind.
- daß sie gute Charaktereigenschaften entwickeln.

In der ganzen Welt hoffen Eltern darauf, daß ihre Kinder immer genug zu essen, allezeit sauberes Wasser zu trinken und einen sicheren Platz zum Schlafen haben, daß sie Schutz finden vor Kälte und Hitze und möglichst eine gemütliche Wohnung ihr eigen nennen dürfen.

Erzählen Sie den Kindern von Ihrer Hoffnung, daß sie einmal gute Freunde bekommen werden, mit denen sie reden, beten und Erfahrungen austauschen können; Kollegen, mit denen zusammen sie Ziele erreichen, und Vorgesetzte, von denen sie etwas lernen können.

Ob Ihre Kinder beruflich Karriere machen, als Hausfrau arbeiten oder einer Nebenbeschäftigung nachgehen: Fast alle Eltern hoffen, daß sie mit Freude bei der Arbeit sind und Erfüllung finden in dem, was sie tun.

Als Eltern tragen Sie zweifellos zu den Werten bei, die Ihr Kind mit in die Welt nimmt und nach denen es sein Leben ausrichtet. Ehrlichkeit und Zuverlässigkeit, Freundlichkeit, Geduld, ein friedvolles und fröhliches Wesen, Liebe, Demut, Zuversicht und Selbstachtung gehören zu den Charakterzügen, die sich fast alle Eltern für ihr Kind erhoffen. Gesetzestreue, ein gesundes Maß an Liebe zum eigenen Land und die Bereitschaft zu freiwilligen Diensten sind weitere Charaktereigenschaften, die die meisten Eltern für wertvoll halten. Lassen Sie Ihr Kind wissen, daß Sie die Hoffnung haben, daß einmal eine „gestandene Persönlichkeit" aus ihm wird: ein Mensch mit kühlem Kopf in Notfällen, Mitleid im Unglück, Zorn über Ungerechtigkeit, Mut, für die Schwachen seine Stimme zu erheben, der Bereitschaft, zu helfen, wo immer es not tut, und dem Eifer, sich um die äußeren und inneren Verletzungen anderer Menschen zu kümmern.

Teilen Sie dem Kind auch mit, was Sie sich für sein geistliches Wachstum erhoffen. Mike und Anne, zwei junge Eltern aus meinem Bekanntenkreis, sind häufig mit ihren Kindern auf Reisen. Bei den langen Autofahrten fragen sie die Kinder manchmal: „Was glaubt ihr, wie unser Leben in fünfhundert Jahren aussehen wird?" Dann versuchen sie sich den Himmel vorzustellen und alles, was sie dann einmal tun und sagen werden. Sie sprechen darüber, wie sehr das Leben, auf das sie sich später im Himmel freuen, mit all dem zu tun hat, was sie hier und jetzt tun und sagen. Daß die eigenen Vorstellungen vom Himmel nie an die Wirklichkeit heranreichen können, ist ihnen dabei klar. Gemeinsam sprechen Sie als Familie auch über die Wichtigkeit bestimmter Tätigkeiten und Entscheidungen, die Konsequenzen für das Leben auf dieser Erde haben. Auf diesen stundenlangen Fahrten entlang der amerikanischen „Highways" haben Mike und Anne ihren Kindern viele grundlegende Wahrheiten über Gott und die Welt vermittelt. Sie haben Ihnen geholfen, eine eigene Überzeugung zu finden und sich eine Vorstellung von den zu machen, was Gott mit ihrem Leben vorhat.

Viele unserer Hoffnungen und Wünsche lassen sich am besten vermitteln, wenn wir sie mitten im Alltagsleben zum Ausdruck bringen. So könnten Sie zum Beispiel zu Ihrem Sohn oder Ihrer Tochter sagen: „Ich bin so froh, daß du so ehrlich warst, mir die Wahrheit zu sagen. Denn Lügen können böse Folgen haben. Manche Menschen kommen deswegen ins Gefängnis, und manche zerstören damit ihre Ehe und Familie. Und manch einer mußte sogar in eine Nervenklinik eingeliefert werden, weil die Lüge in seinem Leben normal geworden war. Und ich möchte wirklich nicht, daß dir so etwas passiert."

Gebärden Sie sich bei Ihren Ermahnungen aber bitte nicht päpstlich. Fangen Sie nicht an zu predigen, vermeiden Sie den erhobenen Zeigefinger und reiten Sie nicht ständig auf einem Thema heraum. Nörgeln Sie nicht! Ein „Häppchen" Philosophie von Mama, ein oder zwei Bissen verständlicher Theologie von Papa – solche kleinen Weisheiten können lange vorhalten, wenn sie nur aufrichtig vorgetragen werden, am besten bei Gelegenheiten, wo Sie mit Ihrem Kind alleine und beide in der Stimmung sind, ein „tiefschürfendes Gespräch" zu führen. Fast alles, was Sie sagen, wird von Ihrem Kind zumindest akzeptiert werden, selbst wenn es sich um einen trotzigen, wütenden Teenager handelt. Nur sollten Sie von ihm niemals verlangen, daß er Ihnen fraglos und ohne weitere Diskussionen zustimmt. Wählen Sie die entsprechenden Themen in der Hoffnung aus, daß Ihr Kind darüber nachdenkt. Begegnen Sie ihm mit gut durchdachten Rückfragen und mit Überzeugungen, hinter denen Sie stehen, und Sie dürfen die Hoffnung haben, daß es sie sorgsam überdenkt.

Ein Kind, dessen Eltern ihm hohe Ziele und begründete Hoffnung für sein Leben vermitteln, wird sich sagen: „Mama glaubt, daß ich diese Erfahrungen machen werde, und auch Papa ist überzeugt, daß aus mir ein Mensch mit einem guten Charakter wird."

Wenn Sie Ihrem Kind in dieser Weise vermitteln, daß Sie ihm vertrauen, wird auch das Kind ein gesundes Maß an Selbstvertrauen entwickeln.

45

Was Ihre Kinder schon immer über Sex wissen wollten ...

Ein Kind, welches im Rahmen seiner sexuellen Aufklärung auch moralische Werte vermittelt bekommt, spürt: „Meine Eltern haben mir wichtige Informationen anvertraut; sie schätzen mich als Persönlichkeit, und sie haben es mitbekommen, daß ich langsam erwachsen werde."

Wann sollte man mit einem Kind über Sexualität reden? Auf diese Frage kann ich nur eine Antwort geben: Bevor es jemand anders tut. Wenn *Sie* nicht damit anfangen, können Sie sicher sein, daß jemand anders damit anfängt. Wahrscheinlich ein gleichaltriges oder älteres Kind, das die ganze Sache mit einer Aura des Geheimnisvollen umgibt und wahrscheinlich noch nicht einmal alle Fakten kennt. Sie stehen dann vor der schwierigen Aufgabe, vor der eigentlichen Aufklärung erst einmal Mißtrauen und Fehlinformationen abbauen zu müssen.

Warten Sie nicht, bis Ihr Kind so alt ist, daß es in der Schule im Fach „Sexualkunde" unterrichtet wird. Sexualkunde kann und will nicht über „gut und böse" im Rahmen des sexuellen Verhaltens aufklären, und der Sexualkundelehrer wird Ihrem Kind nicht den richtigen Maßstab dafür geben, wann welches sexuelle Verhalten angemessen ist und wann nicht.

Es ist wichtig, daß Sie als Eltern auf die körperlichen Veränderungen eingehen, die Jungen und Mädchen in der Pubertät erfahren. Erklären Sie Ihrem Kind die Funktion der Geschlechtsorgane und tragen Sie dafür Sorge, daß es weiß, was beim Geschlechtsverkehr geschieht.

Machen Sie sich klar, daß Gespräche über Sexualität keine

einmalige Angelegenheit sein dürfen. Vielmehr sollte ab einem Alter von 2 oder 3 Jahren (dem Zeitpunkt, wenn Ihr Kind merkt, daß Jungen und Mädchen verschieden sind) bis zum Erwachsenwerden ein ständiger Dialog über dieses Thema stattfinden. Geben Sie den Geschlechtsteilen ihre korrekten Namen und vermeiden Sie dabei kindliche oder vulgäre Ausdrücke.

Legen Sie Wert darauf, dem Kind zu zeigen, welche Körperteile zum Intimbereich gehören und gegen einen Mißbrauch (wozu schon das absichtliche Anfassen gehört) geschützt werden müssen.

Erklären Sie Ihrer Tochter oder Ihrem Sohn, daß Sexualität nach Gottes Schöpfungsplan in die Ehe gehört, und vergessen Sie dieses Gebot nicht, wenn Sie über aktuelle Themen wie Verhütung, AIDS und „Safe Sex" sprechen.

Manche Eltern greifen bei der Aufklärung gerne auf Bildmaterial zurück (wobei ich Ihnen aus verständlichen Gründen von Photos abraten möchte); andere helfen sich mit den inzwischen erhältlichen Puppen, die auch Geschlechtsmerkmale aufweisen. Bemühen Sie sich, grundsätzlich objektiv zu bleiben, wenn Sie über Sexualität sprechen.

Vielleicht fühlen Sie sich gar nicht wohl bei dem Gedanken, mit dem Kind über Sexualität zu reden. Dann sollten Sie sich ein Buch zu diesem Thema besorgen und es Ihrem Kind zu lesen geben. Viele Eltern finden es einfacher, mit Ihrem Kind über Sexualität zu reden, wenn es vorher schon einige Informationen bekommen hat.

Ich kenne ein Ehepaar, das in seiner Küchenecke einen „Topf" aufgestellt hat. Darauf klebt ein Etikett, auf dem zu lesen ist: „Knifflige Fragen für Mama und harte Nüsse für Papa". Damit sollen die Kinder aufgefordert werden, ihre schwierigsten Fragen auf einen Zettel zu schreiben und dort hineinzulegen. Die Eltern haben den Kindern zugesichert, daß keine Frage abgelehnt oder als unwichtig abgetan, sondern daß alle beantwortet werden, so gut es geht. Manchmal müssen die Eltern zur Bibliothek gehen, um die Antwort in einem Buch nachzuschlagen. Einmal im Monat wird eine „Familienkonferenz" einberufen. Dann redet die ganze Familie über Probleme, über Termine und wichtige Entscheidungen, die anstehen, und schließlich auch über die Fragen aus dem Topf. Im Rahmen einer solchen nüchternen „Sitzung" stellen die Eltern fest, daß auch schwierige oder sonst peinliche Fragen ohne Kichern, Erröten oder dumme Bemerkungen besprochen werden können. Hin und wieder schleusen die Eltern sogar selbst eine Frage in den Topf, um dafür zu sorgen, daß wichtige Themen besprochen werden!

Vermitteln Sie Ihrem Kind, welche sexuellen Verhaltensweisen unter welchen Umständen und mit wem akzeptabel sind – und begründen Sie Ihre Meinung. Das Kind soll wissen, was Sie über Händchenhalten, Küssen, Nacktheit, Streicheln, Petting und Geschlechtsverkehr denken. Sprechen Sie mit Ihrem Kind auch darüber, daß Sex nicht immer etwas mit Liebe zu tun hat.

Ein Vater sagte mir einmal, er halte es für seine Verpflichtung, hin und wieder mit seiner Tochter „von Mann zu Frau“ zu sprechen. „Leicht ist es nicht“, sagte er „ein hübsches, junges Mädchen mit den Tricks und Annäherungsversuchen der Männerwelt bekannt zu machen. Schließlich soll sie bis zu einem gewissen Grade dagegen immun werden!“ In den Jahren des gemeinsamen Gesprächs merkten Vater und Tochter schon bald, wie viele Unterschiede es im Kommunikationsverhalten von Männern und Frauen gibt. Neulich erzählte er mir: „Wir haben inzwischen ein neues Spiel. Wir nennen es ‚Was er sagt, was er denkt, und was sie meint, daß er denkt‘. Ich glaube, ich lerne dabei genauso viel wie sie. Männer und Frauen sind tatsächlich sehr verschieden!“

Ihr Kind wird einem starken Druck ausgesetzt sein, sich sexuell auszuleben. Machen Sie sich das rechtzeitig klar. Betrachten Sie Sexualerziehung Ihres Kindes nicht anders als die Erziehung auf sonstigen Gebieten: Gehen Sie mit jeder Frage nüchtern und rational um und seien Sie ein Vorbild.

Kinder, die mit ihren Eltern offen über sexuelles Verhalten reden können, haben das Gefühl, Zugang zu einem der wichtigsten Geheimnisse des Lebens zu haben. Kinder, die von früh an wissen, wie sie entstanden sind, spüren die Kontinuität von der Zeit der Vorfahren bis hin zu den zukünftigen Erben. Sie fühlen, daß sie ein kulturelles Erbe verwalten und eine wichtige Rolle in der Tradition und im Fortbestehen der eigenen Familie spielen.

46

Hinterlassen Sie dem Kind ein Erbe

Hinterlassen Sie etwas für Ihr Kind. Ein Kind, das ein Erbe empfängt, weiß, daß seine Eltern an seine Zukunft gedacht, auf seine Gefühle Rücksicht genommen haben und ihrer Liebe auch noch über den Tod hinaus Ausdruck geben wollen.

Ein Kind, das vom Familienerbe ausgeschlossen wird, empfindet einen Schmerz, der niemals wirklich nachlassen wird. Es wird ihm eine Wunde zugefügt, die kaum jemals verheilen kann.

Wenn man den Kindern ein Erbe hinterlassen will, muß man im voraus planen. Planen Sie also! Entscheiden Sie jetzt, was Sie Ihrem Kind einmal hinterlassen wollen.

Ein Erbe braucht nicht nur aus Geld zu bestehen, obwohl auch dagegen nichts einzuwenden ist.

Ein mir bekanntes Ehepaar hat sich das Ziel gesetzt, als Erbteil jedem ihrer drei Kinder folgendes zu finanzieren: eine Collegeausbildung, ein Auto, wenn die Kinder achtzehn werden, und die Anzahlung für ein Haus. Sie betrachten diese drei Dinge als ein „Lebendiges Erbe" – etwas, das sie den Kindern „hinterlassen", solange sie selbst noch am Leben sind. Verständlicherweise haben sie sich nicht zu fabrikneuen Autos, Privatschulen oder zu Villen verpflichtet. Ihnen geht es darum, daß die Kinder wissen: „Unsere Eltern reden nicht nur darüber, daß sie hinter uns stehen, sondern sie handeln auch danach. Sie zeigen durch ihre Taten und durch ihre finanzielle Unterstützung, daß sie uns in den Bereichen helfen, die ihnen wichtig erscheinen." Hinzu kommt, daß sie den Kindern von diesen Plänen nichts gesagt haben. Sie arbeiten sozusagen gemeinsam in „geheimer Mission" auf diese Ziele hin.

Es ist auch durchaus sinnvoll, wenn Eltern ihr Erbe, oder zumindest einen Teil davon, noch zu Lebzeiten der Kinder an diese verteilen. Sie haben dann die Möglichkeit, die Freude der Kinder am Erbe mitzuerleben und Ihnen bei Bedarf Auskunft darüber zu geben, woher die einzelnen Dinge stammen, wie bestimmte Aktienpakete am besten verwaltet werden oder welche Bewandtnis es mit den persönlichen Erbstücken hat, den Dingen, an denen man „hängt".

Das Verschenken guter alter Handwerksstücke ist ebenfalls eine Möglichkeit, den Kindern schon in jungen Jahren einen Teil ihres Erbes zu überlassen. Klöppelspitzen und Stickereien zieren die Regale, alte Puppen können in der Vitrine bestaunt werden, und eine seit Generationen in der Familie weitergereichte Wiege beherbergt im Kinderzimmer die Teddybären. Eine Freundin von mir bekam die Platzdeckchen ihrer Großmutter vererbt. Sie heftete sie auf farbige Seidenstoffe und machte Kissen daraus. Alte Erbstücke und wertvolle, handgemachte Kunstgegenstände sind Geschenke aus Zeit, Liebe und Familiensinn, die dem Kind das Gefühl geben, mit dem Erbe bereichert worden zu sein. Wahrscheinlich werden diese Stücke dem Kind im Laufe der Jahre immer mehr ans Herz wachsen, denn es sieht darin das Vertrauen und die Liebe seiner Eltern, auch wenn diese längst nicht mehr da sind.

47

Kinder zu verantwortlichem Handeln erziehen

Kinder, die die Verantwortung für ihr eigenes Handeln übernehmen müssen, wissen: „Mama und Papa erwarten von mir, daß ich selbständig handeln kann. Meine Persönlichkeit ist ihnen so viel wert, daß sie mich für fähig halten, auf eigenen Beinen zu stehen und die Konsequenzen meines Handelns zu tragen – positive wie negative."

Wenn Ihr Sohn seinen Fußball in Nachbars Fensterscheibe schießt, sollten Sie darauf bestehen, daß er sich bei den Nachbarn entschuldigt und zum Ersatz für das Glas beiträgt. Je nachdem, wie alt Ihr Sohn ist, können Sie mit ihm gemeinsam zur Tür gehen und sich damit begnügen, daß er nur einen Teil der Kosten übernimmt. Sie sollten Ihr Kind jedoch niemals decken, egal, in welchem Alter das Mißgeschick passiert ist.

Bestehen Sie auch bei älteren Jugendlichen darauf, daß sie für den Schaden, den sie verursacht haben, aufkommen und zum Beispiel den erhöhten monatlichen Versicherungsbeitrag bezahlen, wenn sie in Papas neuen Wagen eine Delle gefahren haben.

Und wenn Ihr Kind beim Fangenspielen dem Nachbarkind das Hemd zerreißt? Dann gehen Sie mit ihm zusammen zum Nachbarn und sprechen über das Thema Schadenersatz.

Vielleicht reicht es als Wiedergutmachung aus, wenn es sich entschuldigt. Vielleicht wird das Kind auch das beschädigte Stück reparieren oder ersetzen müssen.

Wenn Sie nach einem Fehlverhalten Ihres Kindes oder einem schlechten Benehmen in Gegenwart eines Dritten über die Sache hinwegsehen, bedeutet dies: „Ich finde das nicht besonders wichtig.“ Wenn Sie gegenüber einem anderen Ihr Kind in Schutz nehmen oder gar die Schuld auf sich nehmen, sagen sie gleichsam: „Ich bin immer für dich da, um dir aus der Patsche zu helfen.“ Solche Methoden sind nicht gerade dazu geeignet, einem jungen Menschen Verantwortungsgefühl zu vermitteln, ganz abgesehen davon, daß sie zu selbstgerechtem Verhalten auf Seiten des Kindes führen können.

Doch noch ein weiterer wichtiger Aspekt ist in diesem Zusammenhang von Bedeutung:

Eine Strafe für ein kindliches Fehlverhalten einem Dritten gegenüber reicht oft noch nicht aus, um einem Kind zu verdeutlichen, was Verantwortung praktisch bedeutet. Ein Klaps auf den Allerwertesten mag – wenn das Kind noch klein ist – zwar dazu führen, daß es das Fußballspielen auf der Terrasse in Zukunft unterläßt (da es gemerkt hat, daß Fußballspielen einen Klaps bedeutet und es solche Schmerzen in Zukunft vermeiden möchte), doch der Zwist mit dem Nachbarn, den auch ein Kind intuitiv verspürt, wird durch diese Maßnahme nicht aus der Welt geschafft. Dies wurde mir deutlich, als ich vor kurzem mit einer Bekannten sprach. Sie erzählte mir, so als habe sie es gerade eben erst erlebt: „Als ich neun Jahre alt war, habe ich in Mr. Crabb's Süßigkeitenladen einen Schokoriegel geklaut. Meine Mutter hat es herausgefunden und mich anschließend ganz schön versohlt. Glauben Sie mir, seitdem habe ich nie wieder gestohlen. Aber die nächsten zwanzig Jahre konnte ich Mr. Crabb nicht mehr in die Augen sehen, wenn ich in den Laden kam. Im nachhinein wäre ich froh darüber gewesen, wenn meine Mutter von mir verlangt hätte, in den Laden zurückzugehen, mich zu entschuldigen und den Schokoriegel zu bezahlen. Ich glaube, das hätte mir geholfen, mit mir selbst wieder ins reine zu kommen. Weil er aber nichts davon wußte, konnte er mir nicht verzeihen, und ich hatte auch Schwierigkeiten, mir selber zu verzeihen.“

Wenn Kinder Verantwortung übernehmen und Schadenersatz leisten, trägt dies, weil sie ihren Fehler eingesehen und verarbeitet haben, zur innerlichen Reifung und Stärkung bei.

Kinder, die mit einem selbst verursachten Schaden und den daraus resultierenden Problemen konfrontiert werden, bekommen die Gelegenheit, andere um Verzeihung zu bitten und Vergebung zu erlangen. Nur so können sie die heilsame Wirkung einer ausgesprochenen Vergebung auch an sich selbst erfahren.

Kinder mit Selbstvertrauen können Schuld eingestehen, ihr Denken und Tun ändern und Gott und die Menschen, an denen sie schuldig geworden sind, um Vergebung bitten. Und Kinder, die wissen, daß ihnen vergeben worden ist, sind Kinder mit Achtung vor sich und ihren Mitmenschen.

48

„Schau mal, was ich gemacht habe!" – Kinder sind kreativ

Freuen Sie sich an der Kreativität Ihres Kindes! Loben Sie es für seine kreativen Leistungen, und geben Sie ihm Anreize, sein ganzes Potential zu entfalten.

Wenn ein Kind merkt, wie sehr seine Fähigkeiten geschätzt werden, etwas zu basteln, herzustellen oder auszudrücken, fühlt es sich bestärkt in seinem Drang, Unbekanntes zu erforschen. Es läßt sich auf kreative Wagnisse ein und gelangt dadurch zu mehr Selbstvertrauen. Es vertraut darauf, daß Mutter und Vater das mögen, was es zu schaffen imstande ist.

Viele Eltern sind der Meinung, Kreativität sei nur bestimmten Kindern in die Wiege gelegt, sozusagen als „Glücksfall der Natur". Doch eigentlich hat Kreativität eher etwas mit Intelligenz zu tun: Jedes Kind hat ein gewisses Maß davon! Denken Sie doch nur an den kindlichen Spracherwerb! Ein Kind erfindet zahllose völlig neue, nie zuvor gehörte Sätze, und kein anderer Mensch auf Erden wird jemals die Wörter in genau derselben Weise zusammensetzen wie Ihr Kind. Wenn das keine Kreativität ist!

Oder beobachten Sie einmal, wie Ihr Kind seine Kleidung zusammenstellt. Entwickelt es nicht im Laufe der Zeit seinen ganz persönlichen „Stil"? Niemand sonst stellt sich die Kleider in dieser Weise zusammen. Auch darin zeigt sich doch Kreativität!

Geben Sie Ihrem Kind einen leeren Papierbogen und Fingerfarben in die Hand, und Sie werden feststellen, daß es Muster hervorbringt, die kein anderes Kind im gleichen Raum malt. Das gleiche werden Sie natürlich auch erleben, wenn Ihr Kind mit einem Stift zu Werke geht, um ein Bild zu malen!

Falls Ihr Kind noch klein ist: Fordern Sie es doch einmal auf, Ihnen etwas vorzutanzen. Lassen Sie es das Vergnügen genießen, seine Körperbewegungen zu erfahren. Falls Ihr Kind schon ins Teenageralter gekommen ist, könnten Sie ihm die Gelegenheit geben, sein Zimmer zu renovieren. Sagen Sie Ihrem Kind, wie alt es auch sein mag, daß es ruhig Lieder erfinden und Ihnen vorsingen oder vorspielen darf.

Wenn Sie vor der Entscheidung stehen, Ihre „große" Tochter mit Designergarderobe auszustatten oder ihr Nähunterricht zu geben, damit sie sich ihren eigenen „Look" zusammenstellt, sollten Sie sie vom Wert des Nähunterrichts zu überzeugen versuchen.

Sie müssen natürlich Grenzen setzen, wie weit Ihr Kind in seiner „kreativen Entfaltung" gehen darf, zum Beispiel wenn es an seinem Äußeren oder mit seinen Sachen herumexperimentiert. Sie haben die elterliche Pflicht, „nein" zu sagen, wenn das Haar rosa gefärbt oder Ihre Wohnzimmerwand mit Kreidezeichnungen verziert werden soll.

In welchen Fällen sollte Kreativität grundsätzlich gefördert werden?

● *Wenn sie sich in festen Grenzen bewegt.* Ihr Kind wird es im Leben immer mit Beschränkungen zu tun haben. Geben Sie ihm frühzeitig zu verstehen, daß auch das Erwachsenendasein kein Zustand ohne Einschränkungen ist. Vermitteln Sie ihm aber, daß sich wirkliche Kreativität gerade innerhalb gesetzter Grenzen entfaltet.

● *Wenn sie aus Chaos Schönheit schafft.* Machen Sie es wie die Mutter, die zu ihrem Sohn sagt: „Ich bin mächtig gespannt darauf, was für eine wunderbare Ordnung du in diesem Dschungel von Kinderzimmer schaffen wirst."

● *Wenn Sie für Gebrauchtes neue Verwendungen erfindet.* Schlagen Sie Ihrem Kind doch einmal vor, eine Tischdekoration zu basteln. Voraussetzung: Zur Herstellung dürfen nur Sachen verwendet werden, die es im Werkzeugschrank oder Geräteschuppen findet.

Zeigen Sie Ihrem Kind von Zeit zu Zeit einen Gegenstand und fragen es: „Kannst du dir vorstellen, wofür man dies Ding noch verwenden könnte, damit wir es nicht wegwerfen müssen?" Ich habe von einer Mutter gehört, die ihrer Tochter genau diese Frage stellte und anschließend erlebte, wie das Mädchen leere Waschmittelkartons mit buntem Papier beklebte und Zeitschriftenboxen daraus machte.

Erlauben Sie Ihrem Kind auch einmal, bekannte Gerichte mit neuen Gewürzen abzuschmecken. Probieren Sie mit ihm zusammen neue Rezepte aus, neue Möglichkeiten, Essen anzurichten (zum Beispiel in neuen Behältern, mit exotischen Tischdekorationen, in Dosen und auf Tabletts, die das Kind entworfen hat).

Wenn ein Kind seine eigene Kreativität entdeckt, spürt es, wie groß sein Potential ist. Es lernt seine Einzigartigkeit schätzen und gewinnt damit Achtung vor dem eigenen Wert und der eigenen Person.

49

„Katz und Maus“ – Kinder und Haustiere

Wenn Sie die Möglichkeit dazu haben, sollten Sie Ihrem Sohn oder Ihrer Tochter die Gelegenheit geben, ein Haustier anzuschaffen und die Verantwortung dafür zu übernehmen – sei es ein Hund, eine Katze, ein Hamster, ein Meerschweinchen oder sonst ein „kindgerechtes“ Lebewesen. Durch den Umgang mit einem Tier und durch dessen Pflege kann ein Kind manche wertvolle Erfahrung machen:

● *Es erfährt, daß die Sorge für ein anderes Lebewesen tägliche Pflichterfüllung und verantwortliches Handeln erfordert.* Tiere müssen regelmäßig gefüttert werden und brauchen jeden Tag frisches Wasser. Machen Sie Ihrem Kind daran deutlich, welche Mühe es macht und wieviele einzelne Arbeitsschritte erforderlich sind, wenn sich Eltern um eine ganze Familie kümmern müssen. Für die spätere Entwicklung der Kinder ist es sehr wichtig, daß sie schon frühzeitig erfahren, daß Elternschaft und Erziehung tägliche Arbeit und tägliche Verantwortung bedeuten.

● *Ein Kind, das sich um ein Tier kümmert, lernt dabei, daß Lebewesen älter werden und sich beim Wachsen verändern.* Welpen haben nicht die gleichen Bedürfnisse wie ausgewachsene Hunde. Kleine Tiere sind schwächlich und unbeholfen, große entwickeln oft erstaunliche Kräfte. Mit Menschen – auch mit Ihrem Kind! – ist es ganz ähnlich. Es ist gut, wenn sich Kinder bewußt werden, daß auch die Menschen sich verändern. Solche Veränderungen im Leben sind unvermeidlich, aber man kann es lernen, sie hinzunehmen und sich stets neu anzupassen, nicht nur an das Gute, sondern auch an das weniger Gute.

● *Bei der Sorge für ein Tier erfährt das Kind, daß Lebewesen geboren werden, heranwachsen und irgendwann einmal sterben.* Auch der Tod eines Tieres ist für ein Kind ein wichtiges Ereignis. Oft ergeben sich bei dieser Gelegenheit grundlegende und tiefe Gespräche, und ein Kind erfährt zum ersten Mal, was Leid und Trauer bedeuten. Wichtig ist, daß Sie mit dem Kind mitfühlen und daß es den Schmerz und die Tränen nicht unterdrückt. Tun Sie den Tod eines geliebten Tieres darum niemals als unwichtig ab, denn der Tod gehört zum Leben dazu, und auch ein Kind muß wissen, daß das Leben einmal zu Ende geht. Natürlich sollte man mit einem kleinen Kind über den Tod in einer Sprache reden, die es verstehen kann. Kleine Kinder verfügen allerdings über ein erstaunliches Aufnahmevermögen, begreifen, was man ihnen vom Himmel erzählt und können sich sehr gut vorstellen, daß ihre Lieben ein anderes Dasein an diesem Ort führen, der „irgendwo weit weg" ist. Es ist für Kinder wie auch für Erwachsene ein großer Trost, wenn sie erfahren, daß der liebe Verstorbene nie wieder Schmerzen hat oder traurig ist. Hüten Sie sich in Ihren Gesprächen über das Sterben und den Tod allerdings vor billigen Vertröstungen und einer allzu kindlichen Sprache. Da Sie wahrscheinlich nichts darüber wissen, ob der Hamster Ihres Kindes in den Himmel kommt, sollten Sie auch nichts Definitives darüber sagen. Ihr Kind wird es akzeptieren, wenn Sie ihm sagen: „Ich weiß nicht, was nach dem Sterben mit den Tieren passiert."

Ein Haustier für ein Kind sollte ein Tier sein, das man in die Hand oder in den Arm nehmen kann, mit dem man reden kann und von dem auch irgendeine Reaktion zu erwarten ist. Ich persönlich würde aus diesem Grund niemals zu einem Fisch oder einer Schildkröte raten. Suchen Sie ein Tier aus, mit dem das Kind spielen und dem es etwas beibringen kann – kurz: ein Tier, mit dem das Kind gern zusammen ist.

Manche Tiere eignen sich beim besten Willen nicht als Spielgefährten. „Osterhäschen" und Entchen sind nun einmal keine Kuscheltiere. So nett und niedlich ein Kaninchen im Frühling aussehen mag, es braucht besonderes Futter, einen Stall und so viel Pflege, daß sich die meisten Menschen nicht darauf einlassen wollen. Denken Sie immer daran, daß Tiere genügend Platz und

Tageslicht brauchen und daß eine enge Wohnung für manch ein Tier nicht geeignet ist.

Wie aber soll man sich verhalten, wenn man in einem Haus wohnt, in dem Haustiere nicht zugelassen sind? Oder wenn ein Familienglied allergisch gegen Haustiere ist? Dies ist zwar ein großer Nachteil, doch man kann seinem Kind dennoch Möglichkeiten verschaffen, Tieren zu begegnen. Nehmen Sie Ihr Kind mit in den Zoo oder in eine Zoohandlung. Es gibt häufig besondere Streicheltierabteilungen, wo das Kind einmal das Fell berühren und überhaupt Lebewesen sehen kann, die es sich als Haustier nie halten könnte. Oder Sie machen im Sommer „Ferien auf dem Bauernhof" und beobachten mit dem Kind die Tiere in ihrer natürlichen, ländlichen Umgebung.

Dabei sollten Sie auch die Gelegenheit wahrnehmen, sich mit den Kindern über Themen wie Umwelt- und Artenschutz zu unterhalten, über die Einzigartigkeit und Vielfalt der Schöpfung und darüber, daß es auch in der Tierwelt männliche und weibliche Wesen gibt.

Die Verantwortung für ein Tier bereitet das Kind auf die Pflicht vor, sich auch im menschlichen Bereich um andere zu kümmern - vielleicht sogar um seine eigenen Eltern, wenn sie alt geworden sind!

Ein Kind, das sich um Tiere kümmert, hat gelernt: „Mama und Papa schätzen mich so sehr, daß sie mir die Verantwortung für ein anderes Lebewesen zutrauen. Sie vertrauen mir also ein Leben an. Sie wissen, daß ich für das Leben meines Tieres wichtig bin."

Nicht zuletzt vermittelt der Umgang mit Tieren einem Kind Einsicht in seine Rolle als Hüter und Bewahrer der Schöpfung, und es erfährt sich als eine lebendige Kreatur unter vielen.

50

Die Kunst, sich beim Kind zu entschuldigen

Wenn Sie den Eindruck haben, daß Sie Ihr Kind enttäuscht, verletzt oder auf irgendeine Art falsch behandelt haben, dürfen Sie das ruhig zugeben. Entschuldigen Sie sich. Sagen Sie dem Kind, daß es Ihnen leid tut, und bitten Sie um Verzeihung.

Ihr Kind lernt daraus, daß eine Entschuldigung kein Zeichen von Schwäche, sondern von Stärke ist, und daß auch ein Mensch mit Selbstvertrauen sich bei einem anderen Menschen entschuldigen kann, *ohne die Achtung vor sich selbst zu verlieren.* Manchmal kommen die verletzten Gefühle bei Kindern als Wut oder stilles Schmollen zum Ausdruck. Wenn sich ein solches Verhalten nicht als direkte Folge einer Bestrafung ergibt (beispielsweisel die Wut über den Hausarrest, den das Kind absitzen muß, weil es den kleinen Bruder geschlagen hat), sollten Sie das Kind fragen, warum es sich so ärgert oder Ihnen die kalte Schulter zeigt. Geben Sie ihm zu verstehen, daß Sie ehrliche Antworten verkraften können. Fragen Sie zum Beispiel: „Hast du dich über mich geärgert?" Oder: „Habe ich irgend etwas falsch gemacht? Habe ich dir irgendwann nicht geholfen, als du mich brauchtest?" Oder: „Warum magst du nicht mehr mit mir reden?"

Wenn Ihr Kind dann antwortet: „Hättest du doch nur ..." oder: „Hättest du doch nicht ...", sollten Sie in aller Ruhe zuhören. „Hättest du das unbedingt sagen müssen, als mein Freund dabei war, Mama?" „Wenn du pünktlich gekommen wärst, hätte ich keinen Streit mit den Kindern gekriegt, die mich nach der Schule immer ärgern."

Vielleicht wünscht sich das Kind etwas von Ihnen, das Sie weder tun können noch tun wollen. Haken Sie trotzdem nach. Denken Sie darüber nach, was das Kind zum Ausdruck bringen will. Manchmal werden Sie Ihre Tochter oder Ihren Sohn um konkrete Hilfe bitten müssen. In anderen Fällen müssen Sie vielleicht sagen: „Was du da von mir verlangst, ist gar nicht so einfach. Ich werd's trotzdem versuchen. Ich möchte dich nicht enttäuschen oder verletzen, aber ich schaffe es vielleicht nicht immer, deinen Erwartungen gerecht zu werden."

Bitten Sie das Kind nur dann um Entschuldigung, wenn Ihnen wirklich etwas leid tut! Und lassen Sie die Entschuldigung nicht allzu beiläufig klingen. Damit würden Sie nur ein billiges Verständnis von Vergebung vermitteln.

Manchmal wird das Kind Sie auszunutzen versuchen, indem es Ihnen Schwächen, Fehler oder Irrtümer vorhält. Statt dann schnell das Thema zu wechseln oder hastig eine Entschuldigung zu murmeln, sollten Sie sich lieber Zeit nehmen, die Vorwürfe zu überdenken. Nach der Zeit des Überlegens sollten Sie dann aber auch nicht vergessen, dem Kind zu sagen, was dabei herausgekommen ist.

Entschuldigen Sie sich immer dann, wenn es recht und billig ist. Versuchen Sie, sich nicht zu rechtfertigen, Gegenvorwürfe zu machen oder lange mit dem Kind zu diskutieren. Tun Sie, was Ihrem Empfinden nach notwendig ist. Wenn das Kind im Unrecht ist, brauchen Sie sich nicht zu entschuldigen. Machen Sie Zugeständnisse und Kompromisse nur, wenn dies angebracht ist, und lassen Sie sich keine Zugeständnisse aufdrängen, die gegen Ihre Grundprinzipien verstoßen.

Manchmal werden Sie dem Kind ganz klar und deutlich sagen müssen, daß Sie nicht die Absicht haben, von Ihrer Entscheidung abzugehen. „Tut mir leid, daß du dich darüber ärgerst, weil ich dir den Horrorfilm verboten habe. Aber ich habe dir die Gründe erklärt, und es bleibt nun mal dabei!" Begründen Sie dem Kind ausführlich, warum Sie bei manchen Entscheidungen hart bleiben. Geben Sie ihm ein wenig Zeit, sich auf- und abzuregen, darüber gründlich nachzudenken, und nehmen Sie die Sache ansonsten nicht allzu tragisch.

Wenn das Kind miterlebt, wie Sie sich für Ihre Fehler entschuldigen, wird es aller Wahrscheinlichkeit nach Ihrem Vorbild folgen:

Es lernt, wie man um Vergebung bittet und wie man nach der Bitte um Vergebung eine Beziehung fortsetzt. Wenn Ihr Kind sieht, daß Sie klar zu einer einmal getroffenen Entscheidung stehen, wird sich letztlich auch sein eigener Standpunkt festigen. Es merkt vor allem, daß Manipulationen nicht funktionieren und daß man mit Wutausbrüchen auch nicht weiterkommt.

Ein Kind, das sich entschuldigen kann, ist ein Kind mit einem gesunden Selbstwertgefühl, denn es weiß, daß der Wert der eigenen Person dadurch nicht geschmälert wird, sondern daß das Stehen zu eigenen Prinzipien und Überzeugungen vielmehr ein Ausdruck persönlicher Stärke ist.

51

„Kleine Geschenke erhalten die Freundschaft ...“

Sparen Sie Ihrem Kind gegenüber nicht mit spontanen Umarmungen, Geschenken und Lob. Zeigen Sie ihm: „Du, ich mag dich so sehr, daß ich es dir einfach sagen muß!“ Ein Kind, das so etwas zu hören bekommt, fühlt sich angenommen und geliebt. Daß sich diese Erfahrung positiv auf sein Selbstwertgefühl auswirkt, liegt auf der Hand.

Um Ihrer Liebe Ausdruck zu geben, brauchen Sie nicht auf besondere Gelegenheiten zu warten, ja noch nicht einmal darauf, daß Ihr Kind irgend etwas besonders gut oder richtig gemacht hat. Geben Sie doch einfach einmal Ihrer Freude darüber Ausdruck, daß Ihr Sohn oder Ihre Tochter zu Ihnen gehört!

„Was ist denn los?“ oder: „Womit hab' ich denn das verdient?“ wird Ihr Kind möglicherweise fragen, wenn es ganz fest umarmt wird oder ein unerwartetes Geschenk bekommt.

Das ist Ihre Gelegenheit! Nun können Sie zur Antwort geben:

„Weil ich dich so sehr mag.“

„Weil ich so froh bin, daß du mein Kind bist.“

„Weil ich so begeistert bin, daß Gott dich geschaffen hat.“

Und wenn Sie sich einmal ganz besonders gut fühlen, sagen Sie: „Weil ich heute die ganze Welt umarmen könnte – und ein Grund dafür bist du!“

Oder Sie legen Ihrem Kind einen Zettel ins Federmäppchen, auf dem steht: „Viel Spaß in der Schule, mein Schatz. Ich denk' an dich und hab' dich lieb - und heute mittag gibt's Pfannkuchen!“

Sie können Ihrer Tochter oder Ihrem Sohn auch eine Blume ins Kinderzimmer stellen und ein hübsch verziertes Kärtchen daranhängen, auf dem steht: „Du bist ein prima Kerl!“

Liebe Mutter, ich möchte Sie inständig bitten: Sagen Sie Ihrem Kind, wie dankbar Sie sind, es zur Welt gebracht zu haben. Sagen Sie ihm, daß es Gottes schönstes Geschenk für Sie ist.

Ihr Sohn soll hören, wie froh Sie sind, daß er ein Junge ist; Ihre Tochter soll hören, wie froh Sie sind, daß sie ein Mädchen ist. Lieber Familienvater: Sagen Sie Ihren Kindern, wie sehr sie es genießen, mit ihnen zusammenzusein.

Sagen Sie den Kindern, daß sie Ihr Leben täglich bereichern, daß Sie sich immer wieder neu an ihnen freuen und darüber staunen, welche Fortschritte sie machen.

Lächeln Sie, wenn Sie dies sagen, und Ihr Kind wird merken, welche Botschaft dahintersteckt: „Ich würde dich um nichts in der Welt hergeben."

Wenn man einem Kind gegenüber auf diese Weise seine Liebe zum Ausdruck bringt, tut man das Allerbeste, was man für die Selbstachtung eines Kindes tun kann. Ein Kind, das Liebe so real erfährt, ist davon überzeugt, daß es wertvoll ist. Und Menschen, die sich selbst angenommen haben und für wertvoll halten, sind in der Lage, auch ihre Mitmenschen anzunehmen und zu lieben. Es sind Menschen, die Selbstachtung an sich erleben und an andere weitergeben.

52

Welche Worte kann man einem Kind gar nicht oft genug sagen?

Setzen Sie es nicht als selbstverständlich voraus, daß Ihr Kind weiß, wie sehr Sie es lieben. Auch die schönsten Komplimente, das ernstgemeinteste Lob und die herzlichste Umarmung sind kein Ersatz für die Worte, die man die schönsten auf der Welt genannt hat: „Ich habe dich lieb."

Sagen Sie diese Worte oft! Und achten Sie darauf, daß Sie sie ehrlich meinen. Versichern Sie Ihrem Kind, daß Sie es heute wie gestern lieben, daß Sie es auch morgen noch lieben werden und daß Ihre Liebe unabhängig davon ist, wie sich das Kind benimmt.

Fragen Sie doch einmal nach: „Weißt du eigentlich, wie sehr ich dich liebhabe? Weißt du es wirklich?" Sagen Sie diese Worte mit aller Herzenswärme, und Ihr Kind wird Ihnen bestimmt antworten: „Ja, das weiß ich."

Neulich fragte ich Miriam: „Weißt du, wie sehr ich dich mag?" Sie lächelte mich an. „Natürlich weiß ich das. Du sagst es mir ja andauernd."

„Aber weißt du es wirklich?"

„Na klar!" sagte sie. „Soll ich's dir sagen?"

Haben Sie Ihrem Kind schon einmal spielerisch gesagt: „Rate mal, wie sehr ich dich liebhabe." Ihrer Phantasie sind keine Grenzen gesetzt: „Ich hab' dich so lieb wie alle Sterne am Himmel." Oder: „Ich hab' dich so lieb wie alle Fische im Meer."

Meine persönliche Lieblingsantwort stammt von einer Fünfjährigen, die zu ihrer Oma sagte: „Oma, ich hab' dich so lieb wie alle Katzenhaare auf allen Katzen auf der ganzen Welt – und auf dem Mond!"

Ihr Kind ist nie zu alt für die wunderbaren Worte: „Ich habe dich lieb.“ Sie bedeuten ihm mit achtzehn noch genauso viel wie mit acht.

Es gibt auch kein Kind, das zu klein wäre für diesen Satz. Lächeln Sie Ihr Baby an, wenn Sie es wickeln und sagen Sie ihm: „Ich habe dich lieb.“

Flüstern Sie es Ihrem Kind ins Ohr, wenn es schläft, dem Baby, wenn Sie es stillen, und schreiben Sie es Ihrem Sohn auf ein Kärtchen.

Lassen Sie Ihr Kind wissen, daß es einfach deshalb geliebt wird, weil es existiert und daß Ihre Liebe durch nichts zunichte gemacht werden kann. Bringen Sie Ihrem Sohn oder Ihrer Tochter gegenüber zum Ausdruck, daß Ihre Liebe ein Geschenk Gottes ist. „Meine Liebe zu dir ist etwas, wovon Gott mir ganz viel gegeben hat. Ich weiß nicht, warum oder wie Er das gemacht hat. Ich weiß nur, daß es so ist, und ich kann gar nichts daran ändern.“ Zwinkern Sie Ihrem Kind zu und sagen Sie ihm: „Du wirst dich wohl damit abfinden müssen, daß ich dich liebhab'!“

Liebe ist die Grundlage, auf der Selbstachtung erst entstehen kann. Wenn Kinder nicht wissen, daß sie geliebt werden, fällt es ihnen unendlich schwer, ihren eigenen Wert zu erkennen. Es ist ungeheuer wichtig, daß Eltern ihren Kindern vermitteln, daß sie mit ihnen „zufrieden“ sind, daß sie sie anerkennen, respektieren und schätzen.

Aber Kinder brauchen nicht nur Respekt, sondern herzliche, innige Liebe, denn Liebe ist die wichtigste Basis für die Selbstachtung und das Selbstvertrauen eines Kindes. Sie können es Ihrem Kind gar nicht oft genug sagen: „Ich hab' dich lieb!“